Les histoires de vie

GASTON PINEAU
Professeur à l'Université de Tours

JEAN-LOUIS LE GRAND
Maître de conférences à l'Université de Paris VIII

Deuxième édition corrigée

8e mille

DU MÊME AUTEUR

DE JEAN-LOUIS LE GRAND
ET GASTON PINEAU (COORD.)

Histoire de vie en formation, Série de huit heures de production audiovisuelle, avec livre d'accompagnement, 1990-1992, réalisateur P. Parrain. Diffusion : Nantes : U-Médias Productions, Formation continue Université de Nantes, Chemin de la Censive-du-Tertre, 44072 Nantes Cedex.

Collectif Tours (coord. G. Pineau), *Méthodologie des histoires de vie en formation de formateurs,* Paris, Peuple et Culture, Education permanente, 1992.

DE GASTON PINEAU

1996, *Reconnaître les acquis. Démarche d'exploration personnalisée* (1991), Paris, L'Harmattan (co-coord. avec M. Chaput et B. Liétard), 228 p.

1992, *De l'air ! Essai sur l'éco-formation,* Paris, Païdéia/Montréal, Sciences et Culture (coord. principal), 260 p.

1991, *La formation expérientielle des adultes,* Paris, La Documentation française (co-coord. avec B. Courtois), 350 p.

1989, *Histoires de vie,* t. 1 : *Utilisation pour la formation,* 240 p. ; t. 2 : *Approches multidisciplinaires,* 286 p., Paris, L'Harmattan (co-coord. avec G. Jobert).

1987, *Temps et contretemps,* Montréal, A. Saint-Martin, Paris, Ed. Universitaires, 166 p.

1983, *Produire sa vie : autoformation et autobiographie,* Montréal, A. Saint-Martin, Paris, Edilig (avec Marie-Michèle), 420 p.

1980, *Les combats aux frontières des organisations : un cas universitaire d'éducation permanente,* Montréal, Sciences et culture, 288 p.

1977, *Education ou aliénation permanente ? Repères mythiques et politiques,* co-édition Paris-Dunod, Montréal-Sciences et Culture, 296 p.

ISBN 2 13 045502 6

Dépôt légal — 1re édition : 1993
2e édition corrigée : 1996, août

108, boulevard Saint-Germain, 75006 Paris

INTRODUCTION

Faire sa vie n'a jamais été facile. La gagner non plus. La comprendre encore moins. Cette fin de millénaire ne lève pas ces difficultés vitales. Si le cours de la vie humaine s'enrichit de nouvelles possibilités et de nouveaux horizons, il se trouve aussi engagé dans une révolution bio-éthique, où naissance et mort, organisme et environnement doivent s'accorder aux mesures de la biosphère et de la biogénétique.

Pour tenter de s'y retrouver dans les différents morceaux semés en chemin au fil des ans et des événements, des pratiques de prise en main de cette vie émergent aux frontières de l'existentiel et du professionnel, du privé et du public, du dicible et du visible. Les pratiques des « histoires de vie » sont de celles-ci. Ces pratiques sont multiformes. A quelles nouveautés renvoient-elles sur la prise humaine de savoir et de pouvoir sur la vie ? Dans les sciences humaines ? Dans les dispositifs d'intervention sociale ? Dans l'autoformation des acteurs sociaux ? Art de connaissance ? De gouvernement ? D'existence ? Que signifie cette entrée progressive de la vie dans l'histoire et de l'histoire dans la vie ? Cette « rage » de traduire la vie en mots est-elle une illusion ou une révolution ? Et si cette « rage » prend, comment faire son histoire ? Comment commencer et... terminer ?

L'histoire de vie est travaillée ici comme recherche et construction de sens à partir de faits temporels personnels. Cette définition étend triplement « le territoire des écritures du moi »[1]. Elle l'élargit d'abord, hors de l'espace

1. Georges Gusdorf, *Lignes de vie,* 1 : *Les écritures du moi,* Paris, O. Jacob, 1990, p. 145.

graphique, en ne s'arrêtant pas aux moyens écrits d'exprimer la vie : biographie, autobiographie, journal, mémoire. Elle l'ouvre à d'autres médias, oraux et visuels — photo, théâtre, radio, vidéo, ciné, télé — dont l'utilisation actuelle démultiplie les possibilités naturelles d'expression.

En second, elle le fait sortir de l'espace à connotation intérieure du moi. La vie déborde largement l'ego, ballottée qu'elle est entre les courants psychophysiologiques internes et les mouvements environnementaux externes, physiques et sociaux, à conjuguer à la première personne du singulier, à temps et contretemps. Elle joue

« à la fois intensivement en son foyer l'individu vivant — et extensivement — dans sa totalité de biosphère... C'est bien cette complexité qu'il faut considérer maintenant de front »[1].

Ces jeux — et ces luttes — qui fondent toute vie individuelle sont-ils, dans leur relativité contingente, porteurs de sens ? De sensibilité ? D'orientation ? De signification ? Les pratiques courantes, quasi réflexes, pour chaque individu de retour sur ses moments passés, semblent bien pointer un mouvement biocognitif fondamental. Opter pour cette fonction de recherche-construction de sens à partir de faits temporels est le troisième élargissement proposé, en s'appuyant sur l'étymologie du mot « histoire ». Au-delà des définitions littéraires, psychologiques, historiques, ou disciplinaires, l'histoire de vie est ainsi abordée comme pratique autopoïétique[2].

1. E. Morin, *La Méthode,* 2 : *La vie de la vie,* Seuil, 1980, p. 350.

2. Francisco J. Varela, *Autonomie et connaissance. Essai sur le vivant,* Paris, Seuil, 1989. « Ces systèmes produisent leur identité ; ils se distinguent eux-mêmes de leur environnement, c'est pourquoi nous les nommons autopoïétiques, du grec *autos* (soi) et *poiein* (produire) » (p. 45).

Chapitre I

DES PRATIQUES MULTIFORMES

Cette définition très large des histoires de vie comme recherche et construction de sens à partir de faits temporels personnels ouvre un champ quasi infini de pratiques, aux frontières et structurations incertaines, ainsi qu'aux formes multiples. Cette ouverture déroutante semble cependant rigoureusement inévitable. Si l'histoire de vie est une pratique autopoïétique, elle ne peut être trop hétérodéterminée. Trouver la forme d'expression est indissociable du contenu à exprimer. Et la pratique doit souvent précéder sa connaissance et même sa nomination. Comme pour la prose, beaucoup font des histoires de vie sans le savoir.

Déterminer un degré zéro est cependant un point de méthode incontournable pour commencer à délimiter ce qui semble illimité.

I. — Histoires de vie : degrés zéro

Un point zéro serait une vie privée non seulement d'expression, mais d'expression personnelle sur des moments autres que son immédiateté. Et, malheureusement, ce n'est pas un cas de figure hypothétique. C'est le cas pathologique des amnésiques et le but des entreprises de dépersonnalisation visant à éliminer la construction d'une temporalité personnelle.

« Nous ne sommes même pas sûrs d'avoir le droit de raconter ces événements de notre propre vie » (Soljénitsyne)[1].

1. *L'archipel du Goulag*, Paris, Seuil, 1974, p. 110 (Ymca Pr. 1973).

Un point zéro des histoires de vie est donc une vie sans mémoire et sans expression dépassant son immédiateté. Un autre degré zéro est une parole historique mais non reliée à des faits personnellement vécus. C'est l'immense continent « Histoire » qui peut refouler l'émergence des « petites » histoires individuelles. Ou encore les discours philosophiques, scientifiques, culturels qui recherchent du sens selon une autre voie que la réflexion temporelle. Précieuse noosphère des langages théoriques sans lesquels l'existence serait moins éclairée. Et se différencier de ce prestigieux patrimoine collectif peut paraître dérisoire. Il faut la plupart du temps une crise pour en sortir, pour oser commencer non seulement à parler au « je », mais à réfléchir en le faisant travailler, trier et conjuguer à la première personne du singulier les mots et moments hérités.

Combien de prises de paroles personnelles, renforcées ainsi par des prises d'écriture, sont restées enfouies dans des notes balbutiantes, des journaux intimes, des lettres jamais envoyées. Les premières sorties des degrés zéro ne sont donc pas facilement repérables. Et existe un seuil où vouloir le faire serait s'immiscer dans des histoires intimes, porter atteinte aux droits et libertés individuelles, exercer une violence totalitaire. Mais ignorer ou illégitimer ces écritures personnelles c'est méconnaître la dimension symbolique de l'être humain qui a besoin de s'inscrire pour être et construire son devenir.

II. — Pratiques de la vie courante

Au niveau de la communication orale, les « petites » histoires de la vie quotidienne constitueraient le premier degré des histoires de vie. Les premières émergences écrites seraient l'inscription sur le registre d'état civil et l'épitaphe mortuaire minimale inscrivant deux dates séparées par un trait d'union, un nom, un prénom.

Pratiques intergénérationnelles. — L'enfance est ponctuée d'échanges notamment avec les parents mais peut-être et surtout avec les grands-parents sur les origines familiales, les liens de parenté, la vie autrefois. Aux questions de l'enfant qui veut connaître le monde correspond souvent le désir de témoigner des aînés : témoignage sur des événements sociaux comme les guerres, les conditions de vie ancienne. L'importance de ces moments privilégiés s'oublie vite mais c'est surtout lorsque ces données font défaut, sont tabou, qu'elles donnent lieu à une recherche quasi initiatique des origines.

Paroles intragénérationnelles entre pairs. — Une parole biographique ou autobiographique s'énonce souvent entre ami(e)s qui ne se sont pas vu(e)s pendant quelques mois, voire quelques années, et qui répondent à la question : « Alors qu'est-ce que tu deviens ? »

A l'adolescence ce type de parole intime prend toute son importance car il permet de partager son histoire hors du cadre familial ; les amitiés adolescentes amoureuses ou affectives sont le lieu de tels échanges ; on « se confie » selon une densité existentielle forte.

Les anniversaires. — Une autre reprise historique jalonne périodiquement la vie, ce sont les anniversaires et plus particulièrement les « 0 » : les 10, 20, 30, 70, 80 ans, voire le cas échéant 90 et 100 ans. Mouvement irréversible de l'avance en âge. Chaque passage incite à faire le point de sa vie.

Les pratiques des traces. — Des documents, des objets témoignent de ce passage du temps : ce seront tel bibelot ou tel tableau achetés lors d'un voyage important, telle photo de mariage ou de baptême, telle médaille ou diplôme, tel cadeau d'anniversaire particulièrement symbolique. Mis ensemble les documents photographiques peuvent constituer un document précieux d'histoire familiale, document articulé le cas échéant à un diagramme en forme d'arbre généalogique. A l'heure actuelle, et dans la lignée des films super 8, les archives vidéo tendent à se constituer comme albums d'images venant ponctuer l'existence notamment en fixant sur la bande magnétique les moments considérés comme « heureux » et plus particulièrement ceux mettant en scène les enfants « pour plus tard quand ils seront grands ».

Les pratiques transitionnelles et de CV. — D'autres occasions obligent à faire le point, en particulier celles qui sont liées à l'orientation scolaire et professionnelle. Cela commence dès l'adolescence qui, tant bien que mal, tente de dégager une route qui prendrait en compte les hypothétiques désirs mais surtout oblige à faire un bilan des acquis scolaires, des niveaux de compétences. Combien ne se trouvent-ils pas désemparés lorsqu'il s'agit de répondre à une annonce « joindre CV et lettre de motivation » ; cette étape d'élaboration du *curriculum vitæ* oblige à se remémorer son passé, à le dater, à l'écrire, à le faire lire. Autrement dit il ne s'agit plus ici de produire une fiche biographique du type état civil faite par l'employé municipal mais d'y ajouter une touche « personnelle », de répondre à une demande supposée.

III. — Pratiques de la vie culturelle

Commémoration et allocution. — A la limite de la vie courante et de la vie culturelle se pratique une série de rituels intermédiaires qui ont trait à la vie d'une personne mais sont intrinsèquement liés à la vie d'une communauté plus large, voire d'une collectivité.

Ainsi en va-t-il des commémorations qui mettent en avant les faits d'une personne. Cela peut être l'oraison funèbre lors d'une cérémonie mortuaire visant à célébrer la mémoire du défunt.

Dans d'autres situations rituelles la personne elle-même est vivante : allocutions qui peuvent avoir lieu lors d'un changement de fonction dans une entreprise ou une administration de même que le départ à la retraite.

Histoire de vie de collectivités. — Une personne peut être prise en tant que témoin privilégié d'un groupe social. Dans cette perspective de mémoire collective se construisent ainsi des histoires de vie de collectivités dont certaines sont écrites par des membres de cette collectivité[1]. Des associations comme ATD Quart-Monde, des mouvements comme ceux des écomusées utilisent de manière ample l'histoire de vie comme moyen de production culturelle et méthodologie d'éducation populaire.

Ces histoires de vie de collectivité ont essentiellement pour but de constituer une mémoire collective, de s'approprier un passé, de l'exposer, de lui donner une visibilité sociale.

C'est là une forme privilégiée d'éducation populaire et de démocratie culturelle : donner la parole à des acteurs sociaux qui d'habitude n'en ont pas où sont parlés par d'autres.

Littérature personnelle. — Il existe toute une littérature grise qui souvent n'a pas grande diffusion mais n'en est pas moins considérable. Ce sont les ouvrages tirés à compte d'auteur ou ronéotés. Ils témoignent, qui de la vie d'un village à travers le temps, qui d'une étape importante de l'existence comme ces prisonniers en Allemagne durant la seconde guerre mondiale.

Cette littérature personnelle ne doit pas seulement être mesurée à l'aune de ses qualités littéraires mais comme production culturelle d'une époque, d'une situation. Entre la profusion de journaux intimes[2] prenant en compte la dimension temporelle de l'existence et les biographies publiées par des maisons d'édition se trouve une masse importante de documents (auto)biographiques qui représentent pour les ascendants, pour des amis, pour des

1. René Binette, André Vidricaire *et al., Exposer son histoire. Manuel de recherche sur l'histoire de l'industrialisation du travail,* Université du Québec à Montréal, Ecomusée de la Maison du Fier-Monde, 1990.

2. Plus de trois millions de Français selon *Lire,* n° 204, septembre 1992.

chercheurs, pour des écrivains, un fonds de documentation historique des plus précieux[1].

Les rayons de librairie offrent un éventail biographique et autobiographique qui recouvre diverses modalités comprenant :

— la vedette qui, avec ou sans l'aide d'un « nègre », produit un livre destiné à un grand tirage ;
— la biographie de grands hommes d'Etat ou d'intellectuels ;
— la biographie historique des personnages illustres des siècles passés ;
— le témoignage autobiographique de gens « simples » : mineurs, femmes en milieu rural, serrurier, curés qui font part de leur existence, témoignage travaillé parfois par un « metteur en écriture ».

Il est symptomatique que s'opère un mouvement de démocratisation du genre. Il ne s'agit plus uniquement de s'intéresser aux grands hommes et aux grands événements mais au quotidien, au vécu des gens ordinaires qui ne font pas partie de l'élite. Il y a ainsi le projet militant de donner la parole à ceux qui ne la possèdent pas dans la culture savante : les ouvriers, les vieilles personnes, les analphabètes... tous ceux qui n'ont pas l'usage de l'écriture ; autrement dit de « rendre au peuple ce qui lui appartient ». Dans les années 70 le récit de vie connaît une véritable mode, c'est un phénomène de masse qui dépasse le cercle des spécialistes ; les maisons d'édition ont des collections dans le domaine, citons « Terre humaine » chez Plon, « Vécu » chez Laffont, « Témoins » chez Gallimard, « Mémoire du peuple » chez Maspero (devenu La Découverte).

Dans une civilisation tourmentée par une accélération

1. Philippe Lejeune a repéré des sources originales : la cote LN27 du *Catalogue de l'Histoire de France* à la Bibliothèque nationale qui répertorie les biographies individuelles inédites ou parues à compte d'auteur, les ouvrages de La Pensée Universelle, maison d'édition à compte d'auteur (*Moi aussi*, Paris, Seuil, 1986).

Notons également la naissance d'une société « J'étais une fois. Racontez-moi votre vie j'en ferai un livre », *Annuaire officiel du téléphone de Paris,* 1992, rubrique « Ecrivains publics ».

des mutations du « progrès » l'importance de ces transmissions intergénérationnelles simples augmente.

Un livre comme *Le cheval d'orgueil* de Pierre-Jakez Hélias est d'abord l'histoire de son propre grand-père Alain Le Goff, paysan breton du pays bigouden, pauvre mais fier, une histoire transmise également par sa mère Marie-Jeanne Le Goff qui, inlassablement, évoquait pour lui les moindres détails du temps de son enfance. Il a été tiré à plus d'un million d'exemplaires ce qui est absolument considérable et révèle un incontestable phénomène d'engouement du public pour ce type de genre littéraire. Comme le titrait, de manière accrocheuse, *Les Nouvelles littéraires* en 1979 : « La biographie, c'est la vie ».

Audiovisuel et cinéma. — Dans le registre audiovisuel deux types de genres biographiques dominent : le reportage qui fait appel au témoignage de personnes qui vient alimenter, illustrer un sujet d'actualité ou de société. En règle générale il s'agit ici d'un type de magazine télévisé (émission de J.-M. Cavada sur les autodidactes) ou de documentaire qui peut, en outre, présenter un intérêt didactique ou éducatif. Même si ici il y a d'évidence une certaine dimension esthétique (dans la prise de vue, le montage...) cela ne saurait être aussi développé que dans la production cinématographique qui demande à ce niveau d'être davantage travaillé.

On pourrait citer toute une série de films à dimension autobiographique comme *Distants Voices* (1988) de l'Anglais Terence Davies ou encore *Outremer* (1990) de Brigitte Rouan ou *Allemagne, mère blafarde* (1980) d'Helma Sanders Brahms. Certains ont un indéniable caractère populaire comme les films d'Edgar Reitz *Heimat*[1] projetés en feuilleton.

IV. — Emergence de pratiques professionnelles spécifiques

Des professionnels utilisent l'histoire de vie directement dans leur activité. Ce sont tous ceux qui, à un titre ou à

1. E. Reitz, Prix spécial à la 49e Mostra de Venise, septembre 1992, *Heimat I :* 16 heures, et *Heimat II :* 26 heures.

un autre, s'occupent d'orientation scolaire et professionnelle, de formation, de travail social, de recrutement ou de gestion des ressources humaines.

Produire un CV ou encore une sorte de « portefeuille » de compétences appelé « Port-folio »[1] passe de manière quasi obligée par un récit de vie professionnelle plus ou moins long. Un droit au bilan vient d'ailleurs d'être institué en France : à partir de septembre 1992, tous les salariés (ayant une ancienneté d'au moins cinq ans dont un dans l'entreprise) peuvent demander un bilan de compétences aux frais de leur employeur[2].

Dans beaucoup de cas les seules biographies produites sont des dossiers sociaux, voire des casiers judiciaires et sont la stricte propriété de l'institution qui les produit. Des tentatives ont lieu qui visent à faire un travail sur la mémoire de ceux qui ont l'impression de n'avoir « rien fait » ou encore « que des conneries », car il est clair que des compétences développées en marge d'une normalité sociale peuvent se transférer dans d'autres registres sociaux et se transformer en acquis[3]. Au moment où des dispositifs ont misé sur des contrats d'insertion comme par exemple le RMI (revenu minimum d'insertion) ou encore le CFI (contrat de formation individualisé) l'articulation présent/projet ne peut se concevoir sans une formulation d'une histoire personnelle. En ce sens il n'y pas de projet sans organisation personnelle et appropriation d'un passé qui prenne sens.

L'idée est ici de lier théorie et pratique, apprendre et entreprendre. Ce qui est un des fondements idéologique et politique de l'éducation permanente. D'où l'apparition

1. Voir Ginette Robin, *Guide en reconnaissance des acquis,* Montréal, Vermette, 1984.

2. Décret n° 92-1075 du *Journal officiel* des 5/6 octobre 1992.

3. Cf. G. Pineau, B. Liétard, M. Chaput (coord.), *Reconnaître les acquis. Démarches d'exploration personnalisée,* Paris, Ed. Universitaires, 1991 ; Guy Berger et Nicole Meyer, *Reconnaissance des acquis. Etude à caractère documentaire*, Université de Paris VIII, Formation permanente, 2e éd., 1988.

d'expressions qui, après celles de recherche-action datant des années 50, sont celles de recherche/formation, ou de recherche/action/formation. D'où aussi l'abaissement des frontières et connexions avec des pratiques de recherche en sciences anthroposociales qui représentent cependant un autre champ d'émergence.

V. — Des pratiques disciplinaires de recherche en sciences anthroposociales

Dans un premier survol des pratiques disciplinaires relatives aux histoires de vie au cours des vingt dernières années il devient de plus en plus difficile de séparer les différentes disciplines que sont l'anthropologie, l'ethnologie, la sociologie, la psychologie sociale et l'histoire.

Ces catégories semblent plus appartenir à des découpages issus de traditions disciplinaires plutôt que de différences radicales dans les pratiques concrètes de recherche ou les analyses correspondantes. Tout au plus peut-on discerner des tendances, des méthodes, des logiques de recherche qui sont rattachées plus directement à une tradition qu'à une autre.

En histoire. — Dans la discipline historique la biographie en tant que méthode de travail est une pratique courante même si la présentation écrite finale sous cette forme prête beaucoup à discussion. Mais il s'agit souvent de biographie intervenant *post-mortem.*

Dans l'histoire du temps présent, c'est surtout l'histoire orale[1] qui se propose de recueillir les témoignages sur le passé dans un contexte de changement culturel rapide.

1. Cf. Philippe Joutard, *Ces voix qui nous viennent du passé,* Paris, Hachette, 1983 ; Paul Thompson, *The Voice of the Past,* Oxford University Press, 1978 ; R. Bonnain et Fanch Elegoët, Mémoires de France : Les archives orales pour quoi faire ?, dans *Ethnologie française,* t. 8, n° 4, 1978 ; Jean-Pierre Rioux, L'historien et les récits de vie, dans *Revue des sciences humaines,* n° 191, 1983, Lille.

L'ethnographie et les histoires de vie sociale. — Dans des secteurs comme l'ethnologie rurale ou l'anthropologie la logique est identique. Il s'agit, à propos d'un objet précis, de recueillir une ou des histoires de vie et de les croiser entre elles.

Des auteurs comme Clapier, Valladon *et al.* proposent ici le concept d' « ethnobiographie » pour spécifier les histoires de vie où « la personne est considérée comme le miroir de son temps, de son environnement » et « le chercheur essayera de mettre le discours en situation aussi bien vis-à-vis du narrateur que par rapport au groupe et dans le cadre du milieu socioculturel »[1].

Dans la tradition anthropologique, depuis l'Ecole de Chicago, le courant des histoires de vie a toujours fait partie des pratiques mises en œuvre et combinées à d'autres approches de terrain.

Un ouvrage comme *Tante Suzanne*[2] est symptomatique de ce regard anthropologique contemporain. Cette publication est coproduite et cosignée par Maurizio Catani, chercheur au CNRS, et Suzanne Mazé, la figure centrale « qui fut d'abord modiste dans la Mayenne à l'époque de la première guerre mondiale, et ensuite l'épouse d'un horloger à Paris, mère de deux enfants et propriétaire d'un jardin en grande banlieue sans jamais nier ses origines ». Catani s'attache essentiellement à élucider le niveau symbolique présent dans le récit. On est ici au plus près de son organisation et de son contexte de collecte. Les questions du chercheur sont réincluses ce qui constitue un livre à deux voix, rencontre inédite et assumée en tant que telle entre deux personnes. L'attention est ici portée sur l'évolution des systèmes de valeurs : passage des valeurs d'un mode de vie rural traditionnel à celui basé sur une économie urbaine plus moderne, en tenant compte des transmutations ainsi que de la manière dont l'ancien se perpétue dans l'actuel ; ainsi par exemple ce jardin où sont inscrits les liens avec tout le passé, l'entourage... Le projet rejoint ici celui d'une anthropologie comparée et l'étude du développement de l' « individualisme moral » dans la perspective tracée par les travaux de Louis Dumont.

1. Simone Clapier-Valladon, Jean Poirier, Paul Raybaut, *Les récits de vie. Théorie et pratique,* Paris, PUF, 1983, p. 225.
2. Maurizio Catani, Suzanne Mazé, *Tante Suzanne. Une histoire de vie sociale,* Paris, Les Méridiens, 1983.

Ici la lumière est mise sur la dimension sociosymbolique qu'ouvre le récit de vie. En d'autres termes il s'agit de comprendre le sens que des acteurs sociaux donnent à leurs actes, aux événements qui les concernent. Dans la lignée d'une sociologie compréhensive se situant dans la tradition de Max Weber il est question d'une attitude compréhensive qui n'est pas réductible à une « participation psychique immédiate » au vécu de l'autre mais constitue un travail d'élucidation du sens : « le sens visé subjectivement de l'activité sociale »[1]. Quelqu'un comme Marcel Mauss allait jusqu'à soutenir :

« L'explication sociologique est terminée quand on a vu qu'est-ce que les gens croient et pensent et qui sont les gens qui croient et pensent cela. »[2]

La sociologie. — Au début des années 70, en France, Daniel Bertaux entame une vaste réflexion sur la méthode sociologique dans un environnement professionnel profondément marqué par les seules enquêtes statistiques[3].

Dans le sillage d'un champ de recherche constitué par les études de mobilité sociale il va mettre en lumière cette méthodologie qualitative. Avec Isabelle Bertaux-Wiame ils travaillent sur l'évolution de la boulangerie artisanale en France et tentent de répondre à la question : « Comment devient-on boulanger ? »[4] Le travail biographique s'oriente dans le sens d'une analyse des pratiques et des processus sociaux. Là encore il ne s'agit pas tant d'obtenir un récit de vie pour lui-même mais plutôt un récit de pratiques. Les instruments en sont des observations qu'on appelle « longitudinales » (par opposition à « transversales ») : études de carrières, des trajectoires professionnelles. L'intitulé du

1. Max Weber, *Economie et société*, Paris, Plon, 1971 (1922), p. 4.
2. Mauss cité par Louis Dumont, *Essais sur l'individualisme*, Paris, Seuil, 1983 p. 177.
3. Daniel Bertaux, *Histoire de vie ou récits de pratiques ?*, Paris, rapport au CORDES, 1976. Voir également L'approche biographique, sa validité méthodologique, ses potentialités, *Cahiers internationaux de sociologie*, LXIX, 1980, p. 197-225.
4. *Enquête sur la boulangerie artisanale en France*, Paris, rapport au CORDES, 1980.

n° 26 des *Annales de Vaucresson* « Histoires de vie, histoires de familles, trajectoires sociales » est indicateur de cette orientation diachronique[1].

Dans cette veine de recherche de plus en plus de sociologues vont effectuer des travaux et intégrer la démarche biographique parmi d'autres approches méthodologiques[2]. Tantôt l'histoire de vie entre dans la typologie des entretiens approfondis à caractère biographique et devient une méthodologie parmi d'autres[3], tantôt il s'agit là d'une ambition de renouveau épistémologique qui en fait une orientation épistémologique spécifique comme chez Franco Ferrarotti[4] et Vincent de Gaulejac[5].

Sous l'impulsion de Daniel Bertaux est créé un comité de recherche de l'Association internationale de sociologie intitulé « Biographie et société » et une revue spécialisée *Life stories/Récits de vie.* A partir de 1980, et notamment du numéro fondateur des *Cahiers internationaux de sociologie* « Histoire de vie et vie sociale », il y a toute une série de rencontres, de publications centrées sur ce thème.

Psychologie/psychanalyse. — Curieusement la psychologie n'est pas une discipline qui se réfère directement à l'histoire de vie comme axe de recherche même si, dans les pratiques, il s'agit là d'un passage quasi obligé : que ce soit en psychopathologie avec la mise à jour des antécédents (le travail d'anamnèse) ou encore en psychologie du travail avec les bilans professionnels. Ceci s'explique essentiellement par une double tendance contradictoire : d'un côté celle d'une recherche d'un certain idéal de scientificité mettant en avant les démarches expérimentales, les

1. N° 26, 1987-1 ; coord. C. Léomant ; cf. aussi D. Desmarais et P. Grell, *Les récits de vie, théorie, méthode et trajectoires types,* Montréal, A. Saint-Martin, 1986.

2. Cf. *Actes de la recherche en sciences sociales,* n° 62-63, 1986 ; *Sociétés,* n° 18, 1988 ; *Revue française de sociologie,* XXXI, I, 1990.

3. Ex. Jean Peneff, *La méthode biographique,* Paris, Armand Colin, 1990.

4. *Histoire et histoire de vie,* Paris, Les Méridiens, 1983 (1re éd., 1981).

5. Vincent de Gaulejac, *La névrose de classe. Trajectoires sociales et conflits d'identité,* Paris, Ed. Hommes/Groupes, 1987.

études sur des grands nombres d'où l'on peut tirer des résultats généralisables ; de l'autre la psychanalyse freudienne qui sert de référent dans le domaine clinique et pour qui l'inconscient n'a d'histoire que celle qui se réfère aux expériences précoces de la prime enfance, en particulier celle de la triangulation œdipienne.

Cependant, en 1987, les VIe Rencontres psychanalytiques d'Aix-en-Provence portaient sur l'autobiographie[1] ainsi qu'un numéro de la revue freudienne *L'Ane*[2]. Du côté de la thérapie familiale, qui s'est développée principalement à la fin des années 70, des techniques comme le génogramme sont des instruments significatifs : il s'agit là de construction d'arbres généalogiques présentant les filiations personnelles, sur un mode qui peut être thématique. Les années 90 sont marquées par des productions indicatrices d'un développement des recherches dans ce champ « psy » : M. Legrand enracine *L'approche biographique* (1993) dans le projet initial de Politzer, de fonder une psychologie concrète et dramatique ; J.-M. Monteil dans *Soi et le contexte* (1993) travaille la mémoire autobiographique comme un pont entre le social et le cognitif, l'individuel et le collectif. Enfin, M. Lani-Bayle connecte avec l'intergénérationnel *Généalogie des savoirs enseignants, à l'insu de l'école* (1996).

Sur le continent nord-américain, faisant suite à Charlotte Bühler qui, dans les années 30, s'intéressa à la psychologie des longues durées, se sont développés des courants s'attachant à une périodisation des différents âges de la vie (cf. *infra,* chap. IV.3).

En littérature et linguistique. — Depuis son premier ouvrage en 1971 — *L'autobiographie en France*[3] — Philippe Lejeune catalyse les recherches sur l'autobiographie en littérature et linguistique[4]. Vingt ans après en 1991, il fonda l'Association pour l'autobiographie et le patrimoine autobiographique (APAPA). En 1983 la *Revue des sciences*

1. M. Neyraut *et al., L'autobiographie,* Paris, Les Belles Lettres, 1988.
2. N° 52, octobre-décembre 1992 : « Histoire de vie ».
3. Paris, A. Colin. Voir également Philippe Lejeune, *« Je » est un autre. L'autobiographie, de la littérature aux médias,* Seuil, 1980.
4. Cf. *Les Cahiers de sémiotique textuelle,* n° 20, 1991, Université de Paris X.

humaines de l'Université de Lille III publie deux numéros (n°s 191-192) : « Récits de vie. Théories-Expériences » et en 1991, un autre : « Le biographique » (n° 224).

En éducation et formation d'adultes. — Pour le secteur scolaire, dans la mouvance de la pédagogie Freinet, Paul Le Bohec est certainement un des premiers à avoir écrit un article intitulé « Les biographies dans la formation »[1]. Que ce soit sur les méthodes d'enseignement du français[2] ou encore les questions d'orientation[3] commencent à se publier des revues. Mais c'est en formation d'adultes — chargés d'histoires — que semble se développer, depuis les années 80, l'axe de recherche le plus spécifique. L'histoire de vie est conçue à la fois comme approche de recherche mais également comme pratique de formation. Elle ne vise pas seulement la théorisation de pratiques empiriques mais l'articulation dialectique des deux pôles : pratique et théorique.

Dans une recherche sur les processus d'autoformation Gaston Pineau a été amené, au Québec, à utiliser directement l'histoire de vie comme moyen privilégié de recherche en formation[4]. Parallèlement des chercheurs étaient amenés à s'intéresser à l'exploration des processus de formation via l'histoire de vie ainsi l'équipe suisse autour de Pierre Dominicé à l'Université de Genève qui s'est attachée à dégager les contours théoriques et praxéologiques d'une biographie éducative[5]. De même à l'AFPA où Bernadette Courtois et Guy Bonvalot développent *L'autobiographie-projet*[6] ou encore un chercheur et psychanalyste belge comme Guy de Villers[7]. La sensibilité coopérative amène Henri

1. *CREU,* n° 0, 1976.
2. *Pratiques,* n° 45, mars 1985.
3. Cf. *Dialogue orientation,* n° 13, 1987, dir. J. Y. Rochex.
4. *Produire sa vie,* Paris, Edilig, Montréal, Saint-Martin, 1983.
5. P. Dominicé, *L'histoire de vie comme processus de formation,* Paris, L'Harmattan, 1990 ; C. Josso, *Cheminer vers soi,* Lausanne, L'Age d'homme, 1991 ; M. Finger, *Apprendre une issue, L'éducation des adultes à l'âge de la transformation de perspective,* Lausanne, LEP, 1989.
6. *Autobiographie-projet et formation professionnelle d'adultes,* Document AFPA, 1988 ; *La formation expérientielle des adultes,* Paris, La Documentation française, 1990.
7. Entre autres : Otobiographie, dans *Education permanente,* n° 72-73, 1984, p. 51-64.

Desroche à créer, en 1984, son approche d'autobiographie raisonnée qu'il conçoit comme une approche maïeutique majeure de sujets, de trajets et de projets[1].

Des ouvrages collectifs et productions audiovisuelles, ainsi que plusieurs numéros de revues témoignent de la fécondité de ce courant[2] institué d'abord en réseau (1983) puis en Association internationale des histoires de vie en formation (1991).

Vers un travail interdisciplinaire. — Des débuts de confrontation interdisciplinaires s'amorcent autour de cette approche de recherche travaillée elle-même dans chaque discipline[3] : *Histoires de vie. Approche pluridisciplinaire*[4], *L'histoire de vie aux risques de la recherche de la formation et de la thérapie*[5].

VI. — Conclusion

Depuis les années 80, près d'une trentaine de titres se détachent de ce survol rapide. Une analyse plus systématique des productions françaises incluant les années 70 en ressort plus de 200[6]. S'agit-il d'un phénomène radicalement nouveau comme l'apparition du terme « autobiographie » au XVIIIe siècle ou au contraire d'un repli subjectif ponctuant périodiquement les crises d'identité ? Seule une mise en perspective historique présentée dans le chapitre suivant peut aider à répondre à cette question.

1. Cf. Henri Desroche, *Entreprendre d'apprendre,* Paris, Ed. Ouvrières, 1990.

2. Voir *Education permanente,* n°s 72 et 73, 1984 et les autres revues en bibliographie.

3. Voir également Madeleine Grawitz, Un domaine de vocation pluridisciplinaire : les documents personnels, biographies, autobiographies et récits de vie, dans *Mélanges à J. Duverger : Droit, institutions et systèmes politiques,* Paris, PUF, 1987, p. 315-341.

4. *Recherche et travaux,* n° 7, 1987, Editions de l'Institut d'ethnologie (Neuchâtel) et de la MSH (Paris).

5. *Etudes et séminaires,* 8/1992, dir. C. Léomant, CRIV/CNRS.

6. Cf. p. 357, C. Heinritz et A. Rammstedt, L'approche biographique en France, dans *Cahiers internationaux de sociologie,* XCI, 1991, p. 331-369.

Chapitre II

DES « BIOS » SOCRATIQUES À L'AUTOBIOGRAPHIE DU XIXe SIÈCLE

Si fondamentalement l'histoire de vie est une pratique autopoïétique, il faut espérer que les vivants n'aient pas attendu l'apparition du terme pour la pratiquer. Des travaux historiques relativement récents permettent une décentration de l'époque moderne.

I. — Les « bios » socratiques : art d'accouchement de la connaissance

Dans la culture grecque les histoires de vie écrites seraient apparues au ve siècle avant J.-C. sous le nom de *« bios »*[1]. Il faudra attendre dix siècles pour trouver la dénomination « biographie » (ve siècle après J.-C.) et vingt-quatre pour le terme « autobiographie », apparu autour des années 1800 en Allemagne et Angleterre[2].

Le fait d'écrire la vie ou sa vie précède donc de beaucoup les dénominations qui peuvent être considérées comme des indicateurs importants de reconnaissance sociale de ces pratiques, mais non comme leur acte absolu de naissance.

Ce n'est pas une création grecque originale ni même

1. Arnaldo Momigliano, *Les origines de la biographie en Grèce ancienne,* Strasbourg, Circé, 1991 (1re éd. orig., 1971), p. 25.
2. Gusdorf, *op. cit.,* 1990, p. 64.

sans doute occidentale. Momigliano situe cette apparition des *« bios »* chez les Grecs dans la mouvance de réformes de leur vie politique et culturelle pour construire leur identité nationale face aux Perses.

Dans ce mouvement de redéfinition d'identité ces *« bios »* apparaissent approximativement en même temps que l'Histoire. Les deux marquent une révolution culturelle extrêmement importante, car elles font descendre la recherche de construction de sens non seulement du ciel sur la terre mais en plus des hauts faits divins à des faits humains. C'est bien conférer un statut épistémologique radicalement nouveau et instruire de nouvelles voies de connaissances. Au pluriel absolument. Car les *« bios »*, dans le monde classique, n'ont jamais été considérées comme de l'histoire. Les premières travaillent les faits individuels à partir d'anecdotes, d'apophtegmes, de lettres, de discours apologétiques ; l'Histoire par contre se centre sur les faits collectifs.

Parfois l'Histoire s'appuiera sur la vie des « grands hommes » pour se construire et surtout se diffuser, depuis les histoires saintes jusqu'aux différentes histoires nationales et collectives. Parfois, en contrepartie à d'autres périodes, des Ecoles gommeront complètement les individus singuliers et pluriels, pour rejoindre des facteurs non humains et approcher des causalités structurelles de longue durée. Mais de toute façon la discipline a de la peine à reconnaître à part entière l'histoire orale immédiate des individus tout-venant. Surtout que dès le IVe siècle un groupe, en émergence et peu discipliné s'appelant pourtant « amis de la sagesse », « philosophes », se lance dans l'aventure des *« bios »* : ce sont les socratiques. Ils en font une pratique pédagogico-philosophique importante pour tenter de répondre au précepte de Delphes : « Connais-toi toi-même et tu connaîtras l'univers et les dieux. » Pratique qui s'écarte résolument des canons historiques.

« Les Socratiques ne sont jamais tant irritants que lorsqu'on les aborde sous l'angle de la biographie. Nous aimons que la biographie soit vraie ou fausse, honnête ou malhonnête. Mais qui peut user d'une telle terminologie pour parler du *Phédos* de Platon ou de son *Apologie de Socrate,* et même pour évoquer les *Mémorables* de Xénophon. »[1]

Avec ces œuvres les socratiques développent dans leur recherche de connaissance de l'univers et des dieux à travers la connaissance de soi, l'art de parler de soi et de la vie, avec ses contradictions, ses bégaiements, ses ambiguïtés. Art difficile aux prises avec au moins deux gros problèmes épistémologiques à traiter. L'un tient à l'objet lui-même — la vie — très liée au(x) sujet(s) parlant selon des boucles, des nœuds, créant un enchevêtrement vital « pulsionnant » et mouvant. L'autre moyen, l'énonciation, bute contre cette matière brute pour en prélever et projeter des éléments à articuler ensuite formellement.

Pour nommer cet art naissant, Socrate, fils de sage-femme, ne trouve rien de mieux que de parler de maïeutique, d'accouchement non de soi, mais des idées logées dans le soi. En effet l'essentiel est là dans le repliement du parleur sur lui-même pour se déplier dans le langage.

> « La littérature du moi se distingue de tout autre usage du langage humain parce qu'elle fait œuvre à partir de la propre substance du scripteur. »[2]

II. — Les « bios » hellénistiques : médias de communication des notables

Aristote était suffisamment sensible aux faits empiriques pour conseiller à ses disciples de faire de la recherche historique. Mais sa prédilection pour le « général » comme critère de vérité ne lui fit jamais écrire de biographie. Marginales au Lycée, les bios devinrent centrales dans la société des notables : l'autobiographie serait arrivée à Rome la première au IIe siècle avant J.-C., la biographie au siècle suivant.

1. Momigliano, *op. cit.,* p. 71.
2. Gusdorf, *op. cit.,* 1990, p. 127.

« Rien dans les mondes grecs et hellénistiques ne peut être comparé à la multitude des *commentarii de vita sua* qu'ont écrits les Romains de la République et de l'Empire, parmi lesquels les empereurs eux-mêmes, de César à Septime Sévère. »[1]

Le tome I de l'*University Library of Autobiography* termine cette période antique avec *Les Confessions* de saint Augustin[2]. Ces dernières restent une des références les plus connues de cette période et pour cause.

« En fait le premier ouvrage qui allie parfaitement les renseignements autobiographiques et la conscience de soi est sans aucun doute *Les Confessions* de saint Augustin. »[3]

III. — « Les Confessions » de saint Augustin (400 après J.-C.)

Le terme « confession » est trop utilisé et trop chargé pour ne pas faire éclater le sens courant d' « aveu des péchés » auquel l'a réduit une culture cléricale. Les autres sens mentionnés dans le *Larousse* sont ceux de professions de foi ou « déclaration de ce qu'on a fait ». Comme synonyme figure aussi « reconnaissance » qui signifie autant « acquiescement », « acceptation », « exploration » que « gratitude ».

Les Confessions d'Augustin, et plus tard de Rousseau, peuvent être vues comme des reconnaissances de leur vie, avec ses limites, et même à ses limites, situation avancée délimitant cette vie mais faisant aussi entrevoir l'illimité de la vie.

1. Momigliano, *op. cit.*, p. 132.
2. G. Gusdorf (*op. cit.*, p. 55-67) en dressant l'inventaire des études anglo-saxonnes et germaniques sur l'autobiographie par rapport aux françaises fait dire son « impression de passer d'un règne d'abondance à une sorte de désert », *op. cit.*, p. 60. Pour ne pas prendre ce désert français pour celui de la production autobiographique avant le XIXe siècle, il faut mentionner l'ouvrage monumental de Georg Misch, *Geschichte der Autobiographie,* qui développe l'histoire de l'autobiographie antique et médiévale en sept volumes, parus à partir de 1907 (Berlin, Teubner) et réédités après la seconde guerre mondiale. Et en anglais les quinze volumes de l'*University Library of Autobiography.*
3. Momigliano, *op.cit.*, p. 34.

Réussir à exprimer ce qui est ainsi expérimenté à ces frontières/contacts entre deux mondes énonce une conscience de soi et du non-soi tout à fait originale. La mise en parole de cette mise à vif fait advenir une temporalité spécifique ; pas seulement celle du passé, du présent ou du futur mais

« une démultiplication des dimensions du présent, porté à une puissance supérieure, pour embrasser une perception eschatologique de l'être personnel, exalté jusqu'en ses limites extrêmes »[1].

Comme le souligne aussi Gusdorf, le vecteur temporel de l'autobiographie n'est ni rétrospectif, ni projectif, mais inchoatif, ouvrant sur des commencements, des genèses, des naissances. Ainsi en est-il culturellement des *Reconnaissances d'Augustin* qui opèrent une percée historique dans ce que Ricœur appelle « les apories de l'expérience du temps »[2]. Entre la chronologie des historiens et l'achronie des lois et des modèles, ces percées ouvrent une tierce voie à la recherche du sens, ou plutôt des sens.

« Sans doute fallait-il confesser l'autre du temps pour être en état de rendre pleine justice à la temporalité humaine et pour se proposer non de l'abolir mais de l'approfondir, de la hiérarchiser selon des niveaux de temporalisation toujours moins "distendus" et toujours plus "tendus". »[3]

A la fin de cette période, « en sueur, en nage et en gémissant »[4] Augustin accouche d'une reconnaissance aux limites de lui-même, du temps et de l'éternité. Cette automaïeutique[5] fait atteindre à la pratique des histoires de vie des degrés transcendentaux. Elle est indicatrice d'une heuristique propre non réductible à l'histoire, à la littérature et même à la philosophie. N'existerait-il pas

1. Gusdorf, 1990, p. 192
2. Ricœur, *Temps et récit,* t. 1, 1983, p. 19-53.
3. Ricœur, *op. cit.,* p. 53.
4. Ricœur, *op. cit.,* p. 20.
5. A propos de cette expression voir J.-L. Le Grand, *Etude d'une expérience communautaire à orientation thérapeutique. Histoire de vie de groupe. Perspectives sociologiques,* doctorat d'Etat, Université de Paris VIII, 1987, p. 158-172.

entre l'activité de raconter une histoire et la situation temporelle humaine une liaison majeure et vitale ? Ricœur fera de cette liaison l'hypothèse centrale de son herméneutique de la conscience historique.

IV. — Le Moyen Age (V-XIVe siècle)

Pour cette période encore largement à découvrir il est à noter deux phénomènes importants qui prouvent qu'une conscience historique du sens était à l'œuvre : la chanson de geste et l'apparition dès le XIIe siècle de termes français pour travailler la temporalité.

La chanson de geste est une façon poétique médiévale de communiquer la signification d'un fait temporel marquant, qu'il soit d'ordre politique, amoureux ou religieux. On distingue les chansons d'amour, de croisade et d'histoire. Mi-orales, mi-écrites mais renforcées par la musique et le chant et portées par les trouvères et troubadours, ces formes lyriques, épiques ou satiriques ont certainement contribué beaucoup à cultiver le sens des existences au plus près des individus. Le second fait important des derniers siècles de cette période est la naissance à ce début de la langue française de beaucoup de mots du vocabulaire temporel prosaïque.

Le mot « histoire » lui-même est apparu dès le XIIe siècle avec le sens de représentation figurée. Ce même siècle apparaissent « chroniques », « livre qui se rapporte au temps » et « généalogie » « science des origines ou suite, dénombrement des ancêtres ». Au XIVe siècle, « histoire » signifiait « raconter » et au XVe « historique » était né[1].

D'après cet indicateur de première apparition linguistique, le XIVe siècle paraît fécond en création de genres littéraires pour travailler la temporalité. Cette période voit

1. Cette partie d'historique linguistique repose sur le *Dictionnaire étymologique de la langue française* de O. Bloch et W. von Warburg, Paris, PUF, 1991.

la naissance de l'appellation « journal » au sens de « relations d'événements quotidiens » ; celle de « mémoire » au masculin comme « écrit pour que mémoire en soit gardée ». Le terme « Annales » « récit d'événements par année » vient un siècle plus tard au XVe siècle.

Une grande œuvre au titre éloquent *L'histoire de mes malheurs* d'Abélard (1079-1142) est l'indicateur de la perdurance de la fonction d'individuation remplie par cet exercice très personnel de recherche de sens à partir de l'existence par des personnes aux vies mouvementées sortant de l'ordinaire, aux frontières des tracés prévus. Cette fonction vitale de connaissance, nous l'avons vu, a été amorcée par les Socratiques et portée à son apogée par Augustin. Abélard prouve qu'elle s'est exercée aussi au Moyen Age. Mais à cette période l'argument d'autorité prime encore et il faut attendre la révolution culturelle et technique de la Renaissance pour voir s'épanouir progressivement cette filière d'exploration et de construction personnelle au sein des déterminants socio-culturels plus puissants.

V. — La Renaissance et le XVIIe siècle

Pétrarque (1304-1374), en référant à l'Augustin des *Confessions,* fait figure d'initiateur à cette construction de connaissance moderne de soi. L'apparition de l'imprimerie au milieu du XVe, la découverte du Nouveau Monde à sa fin (1492), la révolte de Luther (1517), le *Traité sur les révolutions des mondes célestes* de Corpernic (1543) font sauter les cadres des références héritées et instituées imposant les sens scientifiques, religieux, politiques, culturels. Peu à peu le recours/retour à l'existence pour en arracher du sens paraît être pour les chercheurs la nouvelle voie ouverte. Mais elle est à frayer au sein d'une culture encore dominée par le paradigme des essences déjà révélées, consignées et transmises dans les livres sacrés des grandes traditions. Dégager l'autonomie d'un temporel vu comme profane vis-à-vis d'un spirituel vu comme éternel et sacré représente le nouvel espace/temps à découvrir, analogue à la découverte du Nouveau Monde, opération aventureuse de conquête et de reconnaissance. Car si elle n'est plus vue comme hors la loi, iconoclaste, elle doit cependant trouver ses moyens et ses chemins à ses risques et périls, parfois dans les suspicions et l'opposition. A la fin du XVIe siècle elle aura créé son mot : « autonomie » (1596).

De nouveaux genres d'écriture de vie apparaissent ou se multiplient au XVIe siècle. Ils consignent de grands événements sociaux vécus, par exemple les « mémoires ». Philippe de Commynes publie en 1524 ses *Mémoires* consacrées au règne de Louis XI dont il a été conseiller. Les mémoires se situent donc à l'intersection de l'Histoire collective officielle des hauts faits et de l'histoire de vie individuelle. Elle est celle-là vue ou vécue par un acteur témoin qui se juge important. Un autre terme analogue, « souvenirs », est utilisé avec plus de modestie par des personnes qui se jugent moins importantes historiquement.

Mais à côté de ce versant vie publique se développent aussi des habitudes d'écriture de la vie privée quotidienne, pas forcément intime. Les bonnes familles bourgeoises tiennent ce qui est appelé le « livre de raison », livre de comptes mais aussi livre de consignation des faits éphémères (qui durent un jour) mais tenus pour marquants : Les « éphémérides », récit d'événements quotidiens, datent de cette période. De même l'habitude de tenir journal. Les premiers sont des journaux de voyage, des missions diplomatique, commerciale ou d'exploration.

En 1571, à 38 ans au jour de son anniversaire, Michel Montaigne décide de se retirer et de reprendre cette habitude familiale d'écriture quotidienne déjà exercée par son père et son grand-père : « Usage ancien que je trouve à rafraîchir, chacun en sa chaumière. Et me trouve un sot d'y avoir failli. »[1] Neuf ans plus tard, en 1580, il publie ses *Essais* :

« A la fois autobiographie et journal intime, sans être exactement ni l'un ni l'autre, les *Essais* imposent un néologisme dans

1. *Essais,* 1, XXXV, *Œuvres de Montaigne,* Paris, Pléiade, p. 221.

l'ordre du vocabulaire aussi bien qu'en matière de composition littéraire ; ils ouvrent une voie royale qui mène vers l'œuvre d'Amiel, celle d'André Gide et celle de Michel Leiris. »[1]

Même la parole religieuse commence à s'incarner et se dater dans des vies profanes individuelles. Le terme d' « hagiographie » apparaît vers 1500. Les disciples des grands maîtres vus comme inspirés — Luther — recueillent précieusement leurs paroles, les transcrivent et les éditent après leur mort (*Propos de table,* 1566), renouant ainsi avec l'archétype du genre que constituent les *Evangiles.* Pour ne pas laisser le monopole de la nouvelle prononciation du sacré aux « protestants », des autobiographies catholiques s'éditent : le journal intime d'Ignace de Loyola (*Diario espiritual,* 1544) ; le *Libro de la Vida* de Thérèse d'Avila (1588).

Les conflits religieux aigus obligent le développement de la conscience individuelle des « fidèles », la vérité ne s'impose plus. Elle se conquiert quotidiennement. L'examen de conscience et sa consignation dans un journal intime devient un moyen personnel important d'égrener les traces et de construire du sens dans un environnement très turbulent.

Cependant, dès le début du XVIIe siècle, les Eglises tant réformées que catholiques réagissent contre les risques de déviation de cette montée des expressions religieuses subjectives.

« La dogmatique catholique confiant aux soins de la hiérarchie la gestion de l'âme des fidèles, c'est parmi les réformés que s'affirmera en règle générale la littérature du moi. »[2]

Le XVIIe et le XVIIIe siècles voient une floraison des écritures religieuses du moi en Angleterre et en Allemagne annonçant l'explosion romantique dont les *Confessions* de Rousseau sont concomitantes (1782).

1. Gusdorf, *op. cit.,* p. 200.
2. Gusdorf, *op. cit.,* p. 213.

VI. — Les XVIIIe-XIXe siècles : l'autobiographie, « un phénomène radicalement nouveau » ?

Les XVIIIe et XIXe siècles voient en Europe une véritable explosion de confessions, mémoires, souvenirs, vies ou histoires de vie, publications ponctuées par l'apparition en Allemagne et en Angleterre du mot « autobiographie » autour des années 1800. Lejeune énonce dès 1971 une affirmation d'origine absolue de l'autobiographie qui suscite encore beaucoup de polémiques.

« Le mot "autobiographie" désigne un phénomène radicalement nouveau dans l'histoire de la civilisation, qui s'est développée en Europe occidentale depuis le milieu du XVIIIe siècle : l'usage de raconter et de publier l'histoire de sa propre personnalité. »[1]

En quoi cet « usage » est-il un phénomène si radicalement nouveau ? Non pas comme phénomène individuel ni familial, même si les publications antérieures d'égohistoire ne portent pas le nom d' « autobiographie ». Deux siècles avant, Montaigne, en entamant ses *Essais,* parle déjà de rafraîchir un usage ancien. Et cette ancienneté de s'écrire, nous l'avons vu dans la civilisation grecque, remonte jusqu'aux origines de l'écriture. C'est contre cette réduction à l'apparition d'une catégorie littéraire, d'une conduite qu'il voit comme anthropogénétique, que s'élève principalement Gusdorf. Lejeune tombe-t-il dans l'illusion biographique des débuts absolus ? Ou, sensible socialement, pointe-t-il la radicale nouveauté socioculturelle d'un usage qui se multiplie, propulsé par une nouvelle conception de la personne et un nouveau circuit politico-technico-économique de production/consommation de biens symboliques ?

Les révolutions politiques et médiatiques des XVIIIe-XIXe siècles transforment complètement les conditions

1. Philippe Lejeune, *L'autobiographie en France,* Paris, A. Colin, 1971, p. 10.

sociales d'exercice de l'usage ancien et lui donnent une ampleur qui atteint l'histoire de la civilisation. A cette époque les œuvres littéraires en constituent des produits marquants. La signification sociale du néologisme — créé par les critiques littéraires — est que leur champ ne peut plus ignorer comme non littéraire — parce que n'entrant pas dans les catégories existantes — une série d'écrits, vu leur nombre. Un seuil au moins quantitatif est franchi. Une force de pression externe s'exerce et oblige l'ouverture des frontières et l'évolution de la discipline. Cette reconnaissance donne des lettres de noblesse littéraire à des écrits autrement non classés ou déclassés culturellement. Elle les publicise et les légitime.

Cette promotion littéraire de l'autobiographie est une référence lourde. Elle est chargée de toute une idéologie biographique teintée de romantisme, qui tend à réduire l'usage d'exprimer la vie à la forme écrite, pleine, littéraire et à un moi aussi plein, accompli. Ce premier mot — autobiographie — est-il le dernier ou le seul dans l'histoire de cet usage qui tend à diversifier ses formes au gré des médias ? Dans ce premier usage, le moi est si prépondérant qu'il va profondément marquer le genre d'intimisme, voire de narcissisme. Il a fallu quinze ans à Philippe Lejeune, spécialiste pionnier de cet âge classique de l'autobiographie, pour démocratiser et dépsychologiser sa conception et sa définition du genre, très liées au début à ce qu'il appelle les « lignes de crête », c'est-à-dire les œuvres des personnes publiques (écrivains, acteurs notables). En 1971, sans doute dans son souci passionné de légitimer le genre en le délimitant précisément, il écrit :

« Il est pratiquement impossible que quelqu'un qui n'a pas l'expérience de la composition littéraire, et dont la vie ne s'est jamais exprimée par une création quelconque, écrive une autobiographie telle que nous l'avons définie. »[1]

1. *Op. cit.*, 1971, p. 70.

En 1986, après quinze ans de recherches exemplaires qui l'ont ouvert aux lignes de faille des gens exclus des circuits littéraires il conclut :

« Je me suis démocratisé : c'est la vie de tout le monde qui m'intéresse, et les formes les plus élémentaires, mais aussi les plus répandues du discours et de l'écriture autobiographique... J'ai été frappé par les différences qui existent entre l'écrit et l'oral, et par l'importance des médias. »[1]

Il reformule sa définition de 1971 en l'ouvrant sur deux points : la poésie (la prose n'est plus un impératif catégorique) et... la vie.

« Je n'exigerai pas que les autobiographes mettent l'accent sur l'histoire de leur personnalité, je ne privilégierai pas la "variété" psychologique et intime (et littéraire) qui domine le genre depuis Rousseau. Car, pour beaucoup de gens, l'histoire de leur personnalité, c'est d'abord l'histoire de leur accomplissement social : un métier, une carrière, une œuvre. Il me suffira que l'auteur parle de ce qui est vraiment le "projet" de sa vie, et qu'il l'envisage de manière globale. »[2]

Avec ces ouvertures, les autobiographies sont définies comme

« des récits écrits par l'individu concerné lui-même (ce qui exclut les biographies), présentés comme directement référentiels (ce qui exclut les romans) et portant sur une vie entière ou sur l'essentiel d'une vie (ce qui exclut à la fois les souvenirs d'enfance, les récits détachés d'épisodes de la vie adulte et les journaux intimes) »[3].

Même aussi bien définie l'autobiographie a-t-elle conquis en littérature ses lettres de noblesse ? Est-elle une catégorie ou un genre littéraire? A l'échelle de la « civilisation », ce phénomène semble si radicalement nouveau que, deux siècles après l'apparition du terme, les critiques littéraires restent encore dubitatifs.

Pour Georges May, c'est cette nouveauté qui empêche encore de trancher, la proximité des œuvres fondatrices

1. *Op. cit.,* 1986, p. 31-32.
2. *Op. cit.,* 1986, p. 265.
3. Lejeune, 1986, p. 265

ne donnant pas au lecteur le recul, ni la variété suffisante pour départager l'essentiel du conjoncturel :

« C'est, en effet, lorsqu'un genre littéraire bénéficie d'une assez longue tradition que le lecteur finit par perdre le souvenir des genres formateurs qui ont pu contribuer à sa naissance et à son développement. Il n'est plus sensible alors qu'à la continuité des grandes œuvres qui jalonnent son histoire. La diversité de celles-ci n'est plus sentie par lui comme menaçant l'unité du genre qu'elles illustrent, car cette diversité des œuvres lui paraît désormais d'une importance inférieure à celle du patrimoine commun que constitue justement la tradition à laquelle elles appartiennent toutes. »[1]

Ce sont deux autobiographies « modernes » — celles de Leiris et Sartre — qui ont fait prendre du champ à Lejeune vis-à-vis des « genres formateurs » classiques. De même le XXe siècle voit émerger, dans les sciences humaines et dans l'édition, de nouveaux usages sociaux et médiatiques de raconter sa vie et même de la publier. Aussi une question pointe à l'horizon même des littéraires :

« Dans quel sens l'évolution des médias est-elle en train de métamorphoser la manière dont chacun se vit comme sujet et vit ses relations avec d'autres sujets ? Les *Essais* de Montaigne sont fils de l'imprimerie, qu'engendrera l'ère du magnétoscope... De la lisière de l'ère Gutenberg, je regarde le choc en retour des médias audiovisuels sur l'écriture. »[2]

Pour prendre acte de ces usages proliférants où des personnes ordinaires « sans qualités » ni grande distinction, mais au contraire prises avec des vies brisées ou en pointillé, se construisent dans et par l'autobiographie autant et sinon plus qu'elles en construisent, certains parlent d' « autobiographie de seconde espèce » basée non sur l'idéologie d'un moi plein et d'une parole pleine mais sur la « plénitude du principe de communication ».

1. Georges May, *L'autobiographie,* Paris, PUF, 1979, p. 206.
2. Philippe Lejeune, *Je est un autre. L'autobiographie, de la littérature aux médias,* Paris, Seuil, 1980, p. 8.

« Je conçois l'autobiographie comme le discours des liens à autrui en tant que leur série ordonnée (et intégrée) est constitutive de mon identité et que leurs avatars sont constitutifs des fractures de mon histoire. »[1]

De nouvelles expressions pointent même dans le discours pour essayer de dire ces nouvelles réalités. Le « récit de vie » est l'une de celles-ci. Elle s'affranchit de l'exclusivité de l'écriture et même de l'individu concerné lui-même. Ph. Lejeune propose audacieusement d'utiliser l'ouverture de ce nouveau terme.

« On peut aussi utiliser cette indécision (du récit de vie) pour désigner non un genre ambigu mais particulier, mais l'ensemble du champ "biographique", recouvrant à la fois hétérobiographie, autobiographie et genres mixtes, c'est-à-dire tous les textes référentiels racontant la vie de quelqu'un qui a existé. Le contexte permet de déterminer en quels sens l'expression est employée. »[2]

Le débat reste ouvert. Nous préférons le terme émergent d' « histoire de vie », dans la mesure où il relativise le média pour mettre en relief l'accès à un nouveau sens temporel qui nous semble essentiel. Mais, avant de l'explorer directement, est proposée une récapitulation de ce survol historique des formes littéraires d'expression de vécus personnels.

VII. — **Récapitulatif**

Cet essai téméraire de survol historique de l'émergence des formes littéraires d'expression des vécus personnels peut laisser une impression de prolifération aussi luxuriante que les vies racontées. Cette variété a-t-elle l'unité d'un genre ? Lequel ? Prudemment, commc G. May, nous ne trancherons pas. L'histoire de vie heureusement n'est pas finie. Peut-être ne fait-elle que commencer.

1. Francis Jacques, *Différence et subjectivité,* Paris, Aubier, 1982, p. 345.
2. Lejeune, *op. cit.,* 1980, p. 230.

Cette variété n'est cependant pas complètement éclatée. Elle semble structurée et dynamisée par un nombre restreint de grandes entrées dans la vie à raconter et par un nombre un peu plus nombreux de facteurs de narration.

Nous avons vu que notre très large acception des histoires de vie nous a fait rejoindre la forme grecque ancienne des *« bios »* qui progressivement s'est tellement identifiée à un puissant moyen de narration, l'écriture, qu'elle est vue comme faisant corps avec elle, que ce soit pour raconter la vie de quelqu'un (biographie, hagiographie) ou sa vie (autobiographie). Ce n'est que récemment qu'apparaissent les dénominations non littéraires : récit de vie, histoire de vie.

Autour de cet ensemble central de formes qui littéralement affiche la vie globale comme objet et objectif d'expression, deux autres sous-ensembles la prennent aussi en compte, mais en privilégiant des entrées plus précises :

— l'entrée personnelle qui constitue ce qui est appelée la littérature intime ou celle du moi : confessions, journaux intimes, lettres, correspondances, livres de raison, livres de famille, relations, essais, chansons... ;
— l'entrée temporelle avec les généalogies, mémoires, souvenirs, journaux de voyage, éphémérides, annales, chroniques, histoires.

La montée à l'interface du terme « histoire de vie » nous semble, dans sa dénomination même, vouloir jeter un pont entre ces deux sous-ensembles, personnel et temporel. Sans se confondre avec les formes de ces deux sous-ensembles elle signifie un nouvel espace/temps de la recherche de sens, celui de la vie. Quelle que soit l'entrée privilégiée dans la vie à exprimer, ces formes d'expression travaillent en articulant au moins cinq types de facteurs : des médias, des sujets/auteurs, un objet : la vie, des objectifs et des temporalités.

Commençons par les deux plus palpables et visibles : les médias et les acteurs/auteurs.

1 / *Des médias :* L'écriture ne doit pas voiler les autres, notamment audiovisuels, qui la détrônent de son hégémonie. Nous sommes dans l'ère des magnétophones, magnétoscopes, de l'informatique et des combinaisons multimédias. Cette multiplicité les affaiblit comme critère de classement, mais augmente les possibilités d'expression créative des acteurs sociaux.

2 / *Des acteurs/auteurs :* La dichotomie simple — soi/l'autre — départageant par exemple la biographie de l'autobiographie demeure. Mais des associations plus complexes apparaissent dans des récits de vie dévoilant les coulisses sociales de la mise en scène du « je » : le « co ».

Mettre en scène et en catégories les trois autres facteurs est plus délicat.

3 / *L'objet à exprimer, la vie,* monosyllabe, nous l'avons déjà dit redoutable de concentration polysémique. C'est ce qui fait son intérêt, sa difficulté et cette pluralité des formes d'approche privilégiant malgré tout soit l'exploration de la vie individuelle, en tout ou en partie, soit des vies au pluriel mais en nombre limité — privées ou publiques —, à échelle humaine, dans des unités microsociales (famille, groupe, institution, collectivité...). Ne pas oublier que vie individuelle ne veut pas dire forcément le moi mais aussi la gestion des liens à autrui et à l'environnement sur... « *x* » années.

4 / *Les objectifs poursuivis :* Facteur le plus difficile à sous-diviser. La proposition est de les récapituler en trois objectifs qui peuvent s'emboîter : communication sociale, objectif premier par exemple des *« bios »* hellénistiques ; connaissance de soi ou de l'autre, sans que cette connaissance s'arrête forcément à soi ou à l'autre mais ouvre à l'universel, comme le dit la fin du précepte de Delphes souvent méconnu ; et enfin autopoïèse, autoproduction de soi. Objectif de création existentielle la plus difficile à conceptualiser mais qui semble bien propulser le plus fortement dans les formes autoréférentielles ces rages de traduire sa vie en mots.

5 / *Enfin la temporalité :* Cette conjugaison de facteurs se fait avec des temps multiples. Deux nous paraissent discriminants : le temps passé narré qui peut être court (d'un instant à un mois par exemple), moyen (une année) ou long (plusieurs années) et le temps présent de narration : proche et presque concomitant du temps narré ; ou distant, rétrospectif, faisant intervenir mémoires et/ou documents.

Chapitre III

LES FILIATIONS EN SCIENCES HUMAINES

Comme nous venons de le voir précédemment l'histoire de vie n'a pas attendu l'avènement des sciences anthroposociales pour exister, aussi est-il réducteur d'en faire une approche exclusive des sciences humaines. Loin de se réduire à une méthode elle vient questionner les différentes sciences humaines dans un sens épistémologique c'est-à-dire dans leur fondement même. Elle constitue ainsi un analyseur des débats qui se sont joués quant à leur émergence et leur développement. Sera donc parcouru ici un siècle d'histoire des idées par le biais de la filiation sociologique qui paraît prépondérante.

I. — Les prémisses épistémologiques et les inspirations

Au cours du XIXe siècle les différentes sciences humaines vont être amenées à se constituer de manière autonome c'est-à-dire par différentiation par rapport aux disciplines comme la philosophie ou les lettres et en imitation plus ou moins forte à l'égard des sciences expérimentales bâties sur les mathématiques comme la physique. Ainsi la naissance de la sociologie s'établira en oscillant constamment entre le modèle des sciences de la nature et une approche herméneutique, c'est-à-dire une interprétation des phénomènes, proche de la littérature.

En France sous l'influence de la pensée d'A. Comte se développe une vision de la science bâtie sur le modèle des mathématiques et des sciences physiques ; d'ailleurs l'inventeur du terme « sociologie » l'entend comme une « physique sociale ». Aussi le développement et les succès considérables de la mécanique ou encore ceux de la médecine constituent-ils des modèles avec le travail d'observation (le comment), l'élaboration d'hypothèses à vérifier le plus rationnellement possible pour aboutir à des lois scientifiques, des typologies. Un livre comme *Le suicide* (1897) de Durkheim emprunte largement à un modèle rationaliste décrit dans *Les règles de la méthode sociologique* (1895).

Mais comme le dit Wolf Lepenies :

> « Le problème de la sociologie réside dans la contradiction qui consiste à imiter les sciences de la nature sans pouvoir devenir vraiment une science naturelle du monde social. Mais si elle renonce à son orientation scientifique, elle se rapproche dangereusement de la littérature. »[1]

Or l'approche des histoires de vie, à la frontière de la littérature et des sciences humaines, est au cœur même de ce « problème ».

En France, auparavant, seul un réformateur social aux idées conservatrices, Frédéric Le Play, s'est lancé, lui et son mouvement la Société d'Economie sociale (1856), dans une monumentale collecte de monographies de familles[2] où, à côté de rubriques sur les moyens et les modes d'existence, en figurait une sur l'histoire de la famille. Avec de forts accents naturalistes de taxinomie humaine Le Play est incontestablement un des précurseurs des enquêtes de « terrain », tant par la minutie de ses observations (le moindre objet ou vêtement est évalué, mesuré, budgété) que par ses protocoles écrits ou ses remarques méthodologiques. S'il

1. Wolf Lepenies, *Les trois cultures. Entre science et littérature l'avènement de la sociologie,* Paris, Ed. MSH, 1990 (1re éd., 1985), p. 7.

2. Cf. *La méthode sociale,* présentation Antoine Savoye, Paris, Méridiens Klincksieck, 1989 (1re éd., 1879). Egalement *Ouvriers des deux mondes,* Thomery (77), *L'arbre verdoyant,* 1983 (sélection de 13 vol. à partir de 1857). Sur Le Play voir l'ouvrage de Bernard Kalaora et A. Savoye, *Les inventeurs oubliés,* Seyssel, Ed. Champ-Vallon, 1989.

est opposé idéologiquement à un Marx, il a en commun avec lui une certaine conception des sciences sociales qui ne soit pas que d'observation mais aussi d'activisme social.

De l'autre côté du Rhin, dans une Allemagne influencée par le romantisme en réaction contre l'*Aufklärung* (les Lumières), s'observe un certain rejet du modèle unique des sciences de la nature. Tout en se proposant de rompre avec la métaphysique, la tradition philosophique ne veut pas abandonner le problème du sens (le pourquoi ?) et est très attachée à la question de l'histoire.

Un penseur comme Wilhelm Dilthey est tout à fait représentatif de ce refus d'amalgamer d'un point de vue épistémologique les sciences de la nature qui relèvent pour lui de l'explication et les sciences de l'esprit *(Geisteswissenchaften)* qui relèvent de la compréhension. A son avis l'homme ne peut constituer un objet comparable aux objets de la nature et la manière de l'aborder ne saurait être identique. Poursuivant la tradition herméneutique il peut être considéré comme un de ceux qui fondent les bases épistémologiques de l'approche biographique dans la mesure où, dans sa philosophie des sciences de l'homme, il met en avant une approche compréhensive, capable de saisir la signification de l'expérience vécue. Dans son ouvrage *L'édification du monde historique dans les sciences de l'esprit* (1910) il écrit : « L'individu, dans son existence particulière reposant sur elle-même, est un être historique. Il est déterminé par sa place sur la ligne du temps, par le lieu qu'il occupe dans l'espace, par sa situation dans la coopération des systèmes culturels et des communautés... Vie, expérience de la vie et sciences de l'esprit se trouvent ainsi constamment en un rapport de cohésion interne et de dépendance réciproque. »[1]

Au tournant du siècle le milieu intellectuel allemand est aux prises avec un intense débat sur l'épistémologie des sciences sociales où l'histoire est liée à une approche compréhensive[2]. Outre W. Dilthey, ceux qui seront considérés

1. Paris, Cerf, 1988, p. 90. Sur Dilthey on peut lire l'ouvrage de Sylvie Mesure, *Dilthey et la fondation des sciences historiques,* Paris, PUF, 1990. Sur l'épistémologie des histoires de vie voir Matthias Finger, *Biographie et herméneutique. Les aspects épistémologiques et méthodologiques de la méthode biographique,* Montréal, Faculté d'éducation permanente, 1984.

2. A propos de ce débat on peut lire avec profit Raymond Aron, *La philosophie critique de l'histoire,* Paris, Vrin, 1969, Seuil, « Points », 1970 (1re éd., 1934).

comme des fondateurs en sociologie, Georg Simmel et Max Weber, des pionniers en psychologie expérimentale comme Wilhelm Wundt, des psychologues phénoménologues comme Karl Jaspers, des philosophes comme Wilhelm Windelband ou Heinrich Rickert débattent de ces thèmes avec véhémence dans des universités aussi prestigieuses que celles d'Heidelberg ou Berlin.

C'est dans ce contexte allemand que se forment, entre autres, Albion Small (1854-1926), William Thomas (1863-1947), Robert Park (1864-1944), ceux qui sont parmi les pionniers non seulement de la sociologie américaine mais également de ce qui fut appelé l' « Ecole de Chicago »[1] et de l'usage des histoires de vie pour le second.

II. — « Le paysan polonais »

Assurément il s'agit là d'une monumentale et inaugurale étude[2] et ce à plusieurs titres : l'usage de documents autobiographiques de manière aussi systématique, la première enquête de terrain en sociologie, d'autre part elle apporte des éléments déterminants à la sociologie de la connaissance, sans compter qu'il s'agit également d'un des premiers ouvrages de sociologie de l'immigration.

L'enquête commence en 1908 et correspond à une commande, celle d'étudier les questions interethniques quant à l'immigration. Thomas choisit la Pologne : Chicago est la « troisième ville de Pologne » et les immigrants polonais sont tantôt « bien assimilés », tantôt sont engagés dans des attitudes déviantes tel que la délinquance ou le crime. A une époque où

1. Principales sources concernant l'Ecole de Chicago : Alain Coulon, *L'Ecole de Chicago,* Paris, PUF, 1992 ; Jean-Michel Berthelot, *La construction de la sociologie,* Paris, PUF, 1991 ; Jean Peneff, *La méthode biographique, de l'Ecole de Chicago à l'histoire orale,* Paris, Armand Colin, 1990 ; Daniel Bertaux, *Histoires de vie ou récits de pratiques ?,* Paris, rapport CORDES, 1976 ; Yves Grafmeyer et Isaac Joseph, *L'Ecole de Chicago, naissance de l'écologie urbaine,* Paris, Aubier, 1990 (1979).

2. Principales sources : Coulon, 1992 et Berthelot 1991, *op. cit.*

les présupposés racistes fleurissent celui-ci met au point une méthodologie rigoureuse :

1 / une charpente conceptuelle autour des notions telles qu'attitudes et valeurs, les premières définissant les caractéristiques subjectives des individus et des groupes, les secondes correspondant aux éléments culturels objectifs de la vie sociale ;

2 / un projet épistémologique : lier à la fois le niveau interindividuel d'individus pris dans des groupes primaires (familles, réseaux...) et les transformations de deux sociétés prises dans leur ensemble pour comprendre finement les mutations ;

3 / une démarche qui vise à aller enquêter sur place en Pologne pour saisir ce qui se joue dans les changements ou les continuités des attitudes ;

4 / une technique documentaire : la collecte systématique de documents (8 000 !) : correspondances privées, journaux associatifs et autres, jugements de tribunaux, rapports sociaux...

C'est au cours de son enquête en Pologne qu'il rencontre (1913) Florian Znaniecki (1882-1958), dirigeant d'une association de défense d'émigrants polonais, et qu'il l'invite à collaborer. Qui est celui qui deviendra à 31 ans son coauteur ? Un homme à l'itinéraire iconoclaste, philosophe de formation (Genève, Zurich, Paris), traducteur en polonais de *L'évolution créatrice* de son enseignant Bergson, auteur d'un recueil de poésie (à 21 ans) et de deux ouvrages de philosophie sur les valeurs et les rapports de l'humanisme au savoir[1] ; et par ailleurs ayant été auparavant engagé volontaire dans la Légion étrangère. Il est intéressant de noter que les deux coauteurs vont effectuer une enquête interculturellement croisée : Thomas en Pologne, Znaniecki en Amérique.

L'étude finale[2] tient, dans sa première édition, en cinq tomes (un total de 2 232 pages) : dans les deux premiers une série de documents personnels (divers types de lettres : d'information,

1. *Le problème des valeurs en philosophie* (1910), *Humanisme et connaissance* (1914) (en polonais).

2. William I. Thomas et Florian Znaniecki, *The Polish Peasant in Europe and America, Monograph of an Immigrant Group,* vol. 1 et 2, University of Chicago Press, 1918 ; vol. 3, 4, 5, Boston ; Richard G. Badger, 1920, 2ᵉ éd., New York, Knopf, 2 vol., 1927 ; New York, Octagon, 2 vol., 1974, 2 232 p.

d'amour, d'affaire, correspondant à des rites et classées par famille). Ces documents sont introduits par des présentations tant méthodologiques que théoriques ainsi que d'abondantes notes en bas de pages qui donnent des explications ; le troisième tome (plus de 300 pages) est composé d'une autobiographie d'un jeune immigrant, Wladek Wiszniewski, qui a écrit son histoire moyennant une rétribution et l'aide de Znaniecki, celle-ci a été contrôlée par croisement avec d'autres sources et informations. Les quatrième et cinquième tomes sont consacrées à des analyses sociologiques des changements sociaux : la société rurale polonaise, les milieux d'immigrants polonais à Chicago.

Dans *La construction de la sociologie* Jean-Michel Berthelot tient comme figure exemplaire l'ouvrage de Thomas et Znaniecki « souvent considéré comme l'acte de fondation de la sociologie américaine ».

Dans *Le paysan polonais* nous sommes en effet là au cœur même de l'articulation entre d'une part le projet sociologique de Max Weber — avec notamment l'insistance sur le sens subjectivement visé de l'activité sociale[1] et la construction d'idéaux types — et de l'autre celui de Durkheim qui insiste essentiellement sur le caractère de donné objectif du phénomène social qui produit l'individu ; un concept comme celui de « désorganisation sociale » recouvre en fait celui d' « anomie » de Durkheim[2]. L'immense mérite est ici de lier cette articulation à un groupe social précis et au sens donné par les agents (définition de la situation), ce qui suppose également d'articuler différentes temporalités : celle des hommes et leurs événements, celle des groupes primaires, celle de l'histoire

1. Weber : « Nous appelons sociologie... une science qui se propose de comprendre par interprétation *(deutend verstehen)* l'activité sociale et par là d'expliquer causalement *(ursächliche erklären)* son déroulement et ses effets. Nous entendons par « activité » *(Handeln)* un comportement humain... quand et pour autant que l'agent ou les agents lui communiquent un sens subjectif » (*Economie et société,* Paris, Plon, 1971 (1922), p. 4).

2. Thomas et Znaniecki, p. 19 (éd. 1918) : « En étudiant la société nous partons du contexte social global pour aboutir au problème ; en étudiant un problème nous partons du problème pour aller vers son contexte global » (cité par Coulon, p. 25).

(événements collectifs), celle de la structure sociale (désorganisation/réorganisation)[1].

Après cette étude F. Znaniecki retourne dans son pays et fonde à Poznan une branche de l'Ecole sociologique de Pologne (1920-1939) qui utilise de manière privilégiée l'autobiographie. Celle-ci va jusqu'à lancer une série de concours d'autobiographie sur des sujets tels que les conditions de travail, la ville... Il s'agit là autant d'une méthode de recherche que d'un moyen de conscientisation inspiré d'un projet militant. En termes de sociologie de la connaissance il y va également d'un rapport étroit et tout à fait original entre théorie et pratique, entre sociologie et action culturelle et sociale[2].

III. — A propos d'une éclipse (1940-1970)

Mis à part quelques exceptions, dont certaines notables, il y a, en sociologie, une longue éclipse des années 40 jusqu'aux années 70. En effet, dès les années 30, on observe la montée de la tendance à quantifier les faits sociaux, à effectuer des enquêtes par questionnaires, des sondages. L'approche biographique semble vouée à terminer dans la « poubelle de l'histoire » des méthodes. L'Ecole de Columbia et le fonctionnalisme de Talcott Parsons prennent de l'essor et apparaissent entourés d'une aura de scientificité dans un univers économique et culturel où les progrès techniques utilisent largement la forme de pensée des mathématiques. D'autre part un certain nombre de critiques épistémologiques et le caractère délicat, tant de la « collecte » que du « traitement » du

1. Voir à ce propos les analyses de Consuelo Corradi, Les itinéraires herméneutique de *The Polish Peasant,* p. 23 et s., dans *Sociétés,* n° 18, 1988. L'analyse se fait à la lumière des travaux de Ricœur (*Temps et récit,* Paris, Seuil, 1983-5).

2. Janina Markiewicz-Lagneau, L'autobiographie en Pologne ou de l'usage social d'une technique sociologique, *Revue française de sociologie,* 17 avril 1976, p. 591-613, et *La formation d'une pensée sociologique. La société polonaise de l'entre-deux-guerres,* Paris, Ed MSH, 1982.

« matériel » font que les autres types d'enquêtes prennent rapidement le pas sur ces méthodes jugées « archaïques ».

En 1939 un de ceux qui allait devenir un chef de file de l'interactionnisme symbolique, H. Blumer, fit un rapport au Conseil des sciences sociales sur les méthodes utilisées par Thomas et Znaniecki[1]. Il reprochait essentiellement à ceux-ci de déconnecter théorie et matériau empirique, ces derniers s'étant alors limités à susciter intuitions et compréhensions nouvelles sans que ces données n'interrogent suffisamment la problématique d'élaboration théorique. Il s'ensuivit la création d'une commission d'experts chargés d'étudier la validité scientifique de l'approche biographique. Ceux-ci furent unanimes à reconnaître la grande richesse du document autobiographique et considèrent que bien des problèmes sociologiques ne peuvent être abordés que par ce biais[2].

En fait c'est à l'intérieur même du département de sociologie de l'Université de Chicago qu'est venue initialement la plus virulente critique, sous la forme d'une thèse, de celui qui allait devenir un des principaux promoteurs de la sociologie quantitative américaine : Samuel Stouffer. En effet, dans son Ph. D., *The Life History and the Controlled Experiment* (1930), ce dernier utilise l'échelle d'attitude d'un psychologue de l'université, Thurstone, pour l'appliquer à des grands nombre et effectuer des analyses statistiques. Il démontre que l'approche par questionnaire est beaucoup plus économique en temps et en moyens pour des résultats comparables. D'autre part des sociologues comme ceux de Columbia se firent une spécialité de ce genre d'approche avec notamment le sociologue, initialement mathématicien, Paul Lazarsfeld et Robert Merton. Mais c'est l'étude de Samuel Stouffer *The American Soldier*[3] (1949), vaste étude sur le comportement des soldats américains durant la seconde guerre mondiale, qui donnait le coup d'envoi de ces enquêtes utilisant les statistiques. Les crédits de recherche furent plutôt consacrés à ce type d'enquête sur des grands nombres et il ne semble pas exagéré de dire qu'il s'est agit là d'une forme d'hégémonie sans partage avec le succès que l'on sait tant dans les sondages électoraux que les études de marché.

1. H. Blumer, *Critiques of Research in the Social Sciences. An Appraisal of Thomas and Znaniecki's... "The Polish Peasant"...*, New York, Social Science Research Council, 1939.

2. L. Gottschalk, C. Kluckhohn, R. Angell, *The Use of Personal Documents in History, Anthropology and Sociology,* New York, Social Science Research Council, 1945.

3. Stouffer (éd.), *Studies in Social Psychology in World War II,* New Jersey, Princeton University Press, 1949.

Il est par exemple significatif que, jusqu'aux années 80 en France, quasiment aucun ouvrage de méthodologie sociologique ou dictionnaire n'a une entrée « biographie » ou « histoire de vie » et l'Ecole de Chicago est tout au mieux connue comme une approche de la ville par observation participante (ce qui au sens strict est faux).

Deux autres éléments sont aussi tout à fait déterminants quant à l'histoire des idées et l'épistémologie des sciences humaines, c'est la montée dans les années 50 et 60 d'une pensée structuraliste qui, avec notamment Lévi-Strauss pour l'anthropologie, Lacan pour la psychanalyse et Bourdieu pour la sociologie, tendent à faire disparaître le sujet derrière la structure.

Quoique de manière plus controversée, le marxisme le plus courant tend lui aussi à considérer l'individu et son idéologie comme le seul fruit des superstructures. L'interrogation sur la signification de l'histoire individuelle apparaît au pire comme l'expression d'un individualisme bourgeois, au mieux comme entaché de subjectivité dans la recherche.

Pourtant c'est une dialectique d'influence marxiste qui va concourir à la résurgence des histoires de vie.

IV. — Des influences philosophiques[1]

L'existentialisme est une sensibilité philosophique française qui, au lendemain de la seconde guerre mondiale, s'est attachée à montrer le caractère irréductible de l'existence dans sa réalité humaine et vécue par opposition à une essence générale et abstraite, ce qui pose la question de la liberté et du déterminisme. A ce titre un de ses plus illustres penseurs, Jean-Paul Sartre, a été amené à prendre une position épistémologique où il tente d'élaborer une raison dialectique propre à la connaissance de

1. Cf. développements dans Pineau, *Produire sa vie, op. cit.*

l'homme par l'homme et différente de la raison positiviste imitée du modèle des sciences de la nature. En effet l'individu singulier est exclu d'un savoir universel où il ne serait de science que du général.

Dans Questions de méthode, qui précède *Critique de la raison dialectique,* Sartre propose une méthode dénommée progressive-régressive pour analyser la praxis humaine. Celle-ci se propose de partir de la notion de projet qui articule passé, présent et avenir. Non seulement Sartre a travaillé théoriquement cette réflexion mais l'a utilisée directement en écrivant des biographies littéraires, notamment *L'idiot de famille* sur Flaubert et un ouvrage sur Jean Genet[1].

Mais en fait cette méthode régressive-progressive est issue directement de Henri Lefebvre qui a tenté, à partir de la lecture du *Capital* de Marx, d'élaborer une méthode d'analyse des phénomènes sociaux qui fasse jouer dialectiquement histoire et sociologie. Suivant Lefebvre, repris par Sartre, celle-ci décrit plusieurs moments : « *a)* descriptif ; *b)* analytico-régressif ; *c)* historico-génétique »[2]. En effet, une particularité de cette approche c'est d'articuler une complexité horizontale (analyse de la structure sociale) et une complexité verticale (analyse de temporalités historiques). Mais il s'agit d'une approche qui part de l'actuel pour remonter dans le passé et ne vise pas à s'installer dans le passé.

Un philosophe marxiste orthodoxe, Lucien Sève, a dans *Marxisme et théorie de la personnalité* (1968) tenté d'élaborer une science de l'individuel à travers la biographie :

« ... La science de la biographie telle que nous la comprenons a essentiellement pour tâche de saisir les structures, les contradictions, la dialectique de la vision personnelle... »[3]

1. Sartre, Questions de méthode, 1re partie de *Critique de la raison dialectique,* Paris, Gallimard, 1960 (rééd. 1985). Une 1re version est parue dans *Les Temps modernes,* n° 139-140, 1957, sous le titre Existentialisme et marxisme, *L'idiot de famille,* 3 vol., 2 800 p., Paris, Gallimard, 1971-1972 ; *Saint Genet, comédien et martyr,* Paris, Gallimard, 1952.

2. Cf. *Critique de la raison dialectique,* 1985, p. 51. Sartre se réfère à l'article de Lefebvre Perspectives de la sociologie rurale, *Cahiers internationaux de sociologie,* XIV, 1953. Voir à ce propos p. 178 et s. les analyses de R. Hess, *Henri Lefebvre et l'aventure du siècle,* Paris, A.-M. Métailié, 1988.

3. Paris, Ed. Sociales, 1968, p. 467.

Les actes humains, l'emploi du temps constituent selon lui les concepts de base d'une étude dialectique articulant situation personnelle et structure sociale.

Un courant d'influence marxiste et critique comme l'Ecole de Francfort[1] (Theodor Adorno, Herbert Marcuse, Erich Fromm, Jürgen Habermas) apparu avant guerre et obligé de s'exiler sous le nazisme va également développer un point de vue humaniste d'émancipation en réfutant des logiques instrumentales de la société occidentale.

Dans le champ philosophique de l'Europe d'après-guerre de nombreux philosophes utilisent ou sont sensibles à l'histoire de vie : certes il y a bien une inspiration marxiste sensible au concret, préoccupée de recherche sociologique, cherchant une pensée émancipatrice, allant jusqu'à l'autobiographie critique (Edgar Morin, Henri Lefebvre, Georges Friedman), mais d'autres courants refusant également la position dominante d'un positivisme structural sont sensibles à la notion de personne. C'est toute la philosophie personnaliste avec ses influences chrétiennes (Gabriel Marcel), sa philosophie critique (Emmanuel Mounier et la revue *Esprit*) d'où prendront, entre autres, leur source des réflexions comme celle de Georges Gusdorf ou Paul Ricœur.

La tradition philosophique issue de la phénoménologie de Husserl va à travers des personnes aussi différentes que Jaspers, Heidegger, Sartre, exercer une influence sur des théoriciens tant en psychologie qu'en sociologie. N'oublions pas que dans l'après-guerre la séparation entre disciplines est peu élaborée, les sociologues ont presque tous une formation de philosophes, et il faut attendre la fin des années 60, avec la croissance importante des universités, pour asseoir des disciplines qui s'ignorent souvent les unes les autres.

Après avoir été élève et disciple de Freud et Jung, un

1. Dans cette lignée et ses rapports à l'histoire de vie voir M. Finger, *op. cit.*, 1984, et plus généralement M. Jay, *L'imagination dialectique. Histoire de l'Ecole de Francfort (1933-1950)*, Paris, Payot, 1977.

psychiatre et psychanalyste suisse, Ludwig Binswanger[1], a, dans la tradition phénoménologique de Husserl, élaboré une théorie de l'analyse existentielle (1942) où le concept d'histoire de vie correspond à l'ispséité (du latin *ipse* : soi-même, toi-même, lui-même), rompant ainsi avec une détermination par trop naturaliste de la conception freudienne que dominerait une mécanique des pulsions.

Des psychologues et psychanalystes anglo-saxons souvent qualifiés d' « humanistes » empruntent largement à cette conception existentielle avec leur idée d'intentionnalité, leur attention à l'existence adulte et à ses stades : Charlotte Bühler, Rollo May, Carl Rogers, Abraham Maslow, Erich Fromm, Frederick Perls, Ronald Laing, Erik Erikson, mais peu utiliseront l'histoire de vie sinon pour éclairer des cas, étudier les âges de la vie ou écrire leur autobiographie.

V. — Une filiation anthropologique

La tradition de recherche anthropologique a, plus ou moins, été sensible aux histoires de vie[2] et plus particulièrement lorsque celle-ci était significative d'une population, d'une tribu notamment avec ce qui a été appelé « ethnographie » qui concerne plus traditionnellement le travail d'observation, de description de situations particulières alors que l'ethnologie traite ces matériaux de manière comparative. Dans une vision classique elle apparaît donc dans une position de servante par rapport à cette dernière.

C'est l'anthropologie américaine qui utilisera le plus l'histoire de vie. Avec un chercheur d'origine polonaise, B. Malinowski, l'anthropologie naissante était, dans les années 20, déjà sensible à la dimension de l'enquête de terrain alors que la plupart des

1. L. Binswanger, *Introduction à l'analyse existentielle,* Paris, Minuit, 1971. Trad. de *Grundformen und Erkenntnis menschlichen Daseins* (1942) *(Formes fondamentales et connaissance de l'existence humaine).*

2. Voir Françoise Morin, Pratiques anthropologiques et histoire de vie, dans *Cahiers internationaux de sociologie,* LXIX, 1980, p. 313-339.

autres travaillaient à partir de compte rendus d'informateurs. C'est en 1926 que paraît *Crashing Thunder* de Paul Radin (lui aussi d'origine polonaise) qui est une des premières grandes biographies. Celle-ci présente la trajectoire d'un Indien Winnebago en la situant dans son univers culturel. Jusqu'en 1945 il y eut ainsi toute une série d'histoires de vie de chefs indiens. Ceux-ci font figure de derniers témoins vivants d'une culture en voie de disparition et ces autobiographies constituent donc un patrimoine culturel. Le plus connu de ces travaux est certainement l'autobiographie d'un chef indien, Don Talayesva, *Sun chief*[1] (1942), suscitée, payée, réécrite et publiée par l'anthropologue Léo Simmons.

Déjà l'Ecole française, initiée par Marcel Mauss, insiste sur l'observation concrète des faits et leur description, ce qui a été appelé « ethnographie ». A ce titre celui-ci y voit une méthode appropriée et notamment un moyen d'étudier les systèmes d'éducation[2].

Plus tard, principalement sous l'influence de Claude Lévi-Strauss, on ne retint surtout de l'ethnographie que cette première étape de la recherche : rassemblement des données, observations et descriptions, autrement dit une contribution technique avant d'élaborer une théorisation. En outre on avait tendance à oublier l'ethnographie vue comme description achevée d'un milieu donné et considérée comme anthropologique « fini ». Celle-ci fut mise du côté de la littérature et l'anthropologie française est, après guerre, d'une méfiance relative à l'égard des récits de vie. Pour elle l'expérience individuelle ne saurait constituer un objet sociologique.

La position de Lévi-Strauss est à l'égard de l'histoire de vie significative : à la fois il reconnaît un document de valeur « exceptionnelle » et à la fois il les considère comme non scientifiques : « ils font revivre plus qu'ils n'apprennent », ponctuant son analyse par le principe durkheimien : « les faits sociaux doivent être étudiés comme des choses »[3].

1. Léo Simmons, Sun Chief, *The Autobiography of a Hopi Indian,* New Haven, Yale University Press, 1942. Trad. Don Talayesva, *Soleil Hopi, Autobiographie d'un Indien Hopi,* préf. Cl. Lévi-Strauss, Paris, Plon, 1959.

2. F. Morin, *op. cit.,* p. 324.

3. Claude Lévi-Strauss, Compte rendu critique de *Sun Chief, op. cit.*, et de C. Kluckhohn, *op. cit.,* 1945, p. 329-331 dans *L'Année sociologique,* 3e série (1940-1948), 1950.

Si comme en sociologie il y eut une relative éclipse de l'approche c'est pourtant en anthropologie que l'on trouve dès les années 60 des autobiographies : la plus connue est sans aucun doute *Les enfants de Sanchez* d'Oscar Lewis[1] où celui-ci a recueilli et enregistré les témoignages de divers membres de cette famille : le père (la mère est décédée) et les quatre enfants.

L'intérêt essentiel du texte est de nous resituer « de l'intérieur » la vie de cette famille et de saisir le décalage entre la position du père, ouvrier prolétaire, et les tentations de la nouvelle génération pour « s'en sortir ». Ici différentes voies apparaissent, contenant un potentiel dramatique tant dans les moyens de subsistance illégaux (vols, délinquance) que les tentatives de socialisation et d'insertion professionnelle.

Outre l'indéniable valeur littéraire de ce livre, qui a obtenu à sa sortie en France un prix de littérature étrangère, plusieurs remarques sont à faire : tout d'abord il s'agit d'une des premières histoires de vie qui utilise un instrument technologique apparu à la fin des années 50 : le magnétophone ; d'autre part, comme le fait remarquer Sydney Mintz, auteur d'une biographie *Worker of the cane* (1960), à propos de cette époque « aucun anthropologue n'avait encore raconté la vie de membres occidentalisés des classes laborieuses »[2]. La société moderne ne constituait pas un objet d'étude valable en regard des sociétés traditionnelles.

Enfin l'on peut dire aussi qu'il s'agit là d'une des premières histoires de vie d'un groupe, en l'occurrence ici un groupe familial ; les récits étant croisés et constituant un faisceau de biographies centré sur une histoire commune.

VI. — **Retour de crédibilité dans les années 70**

La publication et le succès littéraire des *Enfants de Sanchez* annonçait le retour de crédibilité à la fin des

1. 1re éd., New York, Random House, 1961. Trad. Paris, Gallimard, 1963. S'ensuivirent d'autres : *Pedro Martinez* (1964), *La Vida* (1965), *Une mort dans la famille Sanchez* (1968) trad. Gallimard.

2. Cité par Morin, p. 322. Sydney Mintz, *Worker of the cane,* New Haven, Yale University Press, 1960. Trad. *Taso, la vie d'un travailleur de la canne,* Paris, Maspero, 1979.

années 70. Certains ont parlé d'une certaine « mode » des histoires de vie. Encore faut-il en comprendre les enjeux qui sont à la fois d'ordre sociaux et épistémologiques.

Avec la généralisation du magnétophone l'histoire orale renaît de ses cendres (dans les siècles précédents et dans bien des sociétés l'histoire a surtout été orale) ; il est question de recueillir les paroles d'une époque révolue dans un contexte de changement culturel rapide où la transmission orale de génération en génération se fait mal ou ne se fait pas. Dès lors sont constituées des archives sonores sur ce qui est en train de disparaître : témoignages et souvenirs des modes de vie et des métiers d'autrefois. Est déterminante l'accélération des mutations que traversent les sociétés occidentales dans les années 60, période de forte croissance économique et de passage rapide d'une société rurale à une société urbaine. Ceci explique le succès de toute une série de littérature qui vise à « retrouver des racines » et exalte les vertus rurales et rustiques.

Une visée épistémologique et politique est également présente dans cet après-68 : la culture ouvrière, le peuple sont mis en valeur dans une perspective militante qui entend rompre avec la seule histoire des élites. Dans le même sens le quotidien prend, avec les mouvements féministes et l'inspiration situationniste, de l'intérêt. D'autre part ces événements de 68 ont relativisé une pensée sociologique classique qui n'avait pas su les prévoir. Aussi, cette génération de sociologues, de sensibilité militante, s'intéresse de près à des approches qualitatives qui rompent avec une certaine « quantophrénie », propension à n'accorder de validité qu'aux seules données chiffrées, qui guette les sciences sociales.

Philosophiquement on observe aussi au tournant des années 80 une désaffection des seules recherches de structures où le sujet disparaît derrière des données abstraites et formelles. On a parlé ainsi de « retour de l'acteur ». Une certaine désaffection de l'idéologie marxiste traditionnelle amène ainsi un certain nombre de personnes à prendre en compte l'individu. Phénomène qui accompagne aussi un intérêt important pour la psychologie, la psychanalyse, le développement des approches humanistes de la personne.

Dans la sociologie, les approches qualitatives se développent et vont puiser dans les origines épistémologiques. Le mouvement de « redécouverte » de l'histoire de vie est à replacer dans ce cadre du développement des enquêtes de terrain donnant une part importante à la description d'univers singulier, au quotidien. Et ces courants puisent souvent aux mêmes sources, souvent l'Ecole de Chicago, et se sont transmis même de manière marginale. L'interactionnisme symbolique d'Erving Goffman ou de Howard Becker insiste sur le jeu « théâtral » des interrelations dans la lignée d'Herbert Blumer. L'ethnométhodologie, issue notamment des travaux d'Harold Garfinkel, puise ses sources du côté de la phénoménologie husserlienne, via les enseignements de l'Autrichien Alfred Schütz, disciple de M. Weber et E. Husserl. Celle-ci tente une prise en compte de l'importance des savoirs de sens commun à travers une phénoménologie des activités concrètes. Un telle influence, que l'on retrouve aussi dans l'épistémologie de Peter Berger et Thomas Luckmann, est une des sources auxquelles s'alimentent les sociologies qualitatives contemporaines.

La plupart des sociologues qui à l'instar de Daniel Bertaux ou Maurizio Catani sont, en France dans les années 70, les premiers artisans d'un retour des histoires de vie sont, suivent certaines polarités spécifiques au croisement de ces différentes influences, marxiste, anthropologique, voire militante et connaissent la tradition de l'Ecole de Chicago.

Dans la résurgence des histoires de vie il faut ici faire une place à part à Franco Ferrarotti, ce sociologue italien qui, après des études en Allemagne, en France et aux Etats-Unis, a, dès les années 50, utilisé les histoires de vie dans ses travaux sur les phénomènes relatifs à l'industrialisation, à la ville. Dès lors la sociologie italienne en début d'institutionnalisation y a vu une approche couramment pratiquée et, contrairement à un rétrécissement sur la seule dimension méthodologique, a saisi toute sa portée épistémologique[1]. En ce sens Ferrarotti fait partie de ces chercheurs qui, tout en ayant une conscience aiguë des filiations théoriques, ont fait preuve d'imagination méthodologique à l'image de Charles Wright Mills qui, en plein maccarthysme, n'hésitait pas à proposer une sociologie critique,

1. Voir notamment en français Sur l'autonomie de la méthode biographique, dans J. Duvignaud (dir.), *Sociologie de la connaissance,* Paris, Payot, 1979, p. 131-152, et *Histoire et histoires de vie,* Paris, Les Méridiens, 1983.

d'inspiration marxiste et weberienne, s'appuyant méthodologiquement sur l'analyse des rapports sociaux, la biographie et l'histoire[1].

En conclusion, nous pouvons donc considérer qu'au-delà de l'effet de mode l'histoire de vie fait partie de la tradition sociologique et plus généralement des sciences humaines.

Depuis les *« bios »* socratiques jusqu'aux formes les plus contemporaines il y a donc là un champ épistémologique spécifique dont les deux prochains chapitres vont tenter d'expliciter le sens des deux termes constitutifs : « vivre » et « histoire ».

1. « La science sociale examine les problèmes de biographie et d'histoire et leurs croisements au sein des structures sociales. Toutes trois — biographie, histoire, société — constituent les points coordonnés d'une bonne étude de l'homme. C'est au nom de ce principe que j'ai déjà contesté plusieurs écoles de sociologie actuelles, dont les tenants ont renié cette tradition classique » (C. W. Mills, *L'imagination sociologique,* Paris, Maspero, 1971, p. 151 (1re éd., 1959)).

Chapitre IV

VIVRE

Vie : peu de mots aussi courts condensent autant de sens.

« Le mot “vie” est un mot magique. C’est un mot valorisé. Tout autre principe pâlit quand on peut invoquer un principe vital. »[1]

Dans l’expression « histoire de vie », le manque d’article défini, d’adjectif possessif ou de qualificatif ne réduit pas l’amplitude polysémique. Toute histoire de vie est aux prises avec cette extension presque infinie et cette ambivalence des mots qui à la fois désignent et expliquent. La vie s’impose comme une

« formidable complexité organisationnelle, matricielle, incompressible, inséparable, polylogique » (Edgar Morin)[2].

Vouloir faire une histoire — c’est-à-dire un énoncé sensé — de cette hypercomplexité proliférante et immergeant tout vivant est-il possible ? Cette visée globale est-elle la résurgence d’un vitalisme naïf et immature ou la propulsion d’un imaginaire radical aux prises avec des problèmes vitaux inédits à traiter selon des modalités nouvelles ?

1. G. Bachelard, *La formation de l’esprit scientifique,* Paris, Vrin, 1967, 5ᵉ éd., p. 154 (1ʳᵉ éd., 1947).
2. E. Morin, *op. cit.,* 1980, p. 354.

I. — Une entrée encombrante

Dans le discours français des sciences sociales, l'arrivée des histoires de vie a été saluée par Pierre Bourdieu comme

« une de ces notions du sens commun qui sont entrées en contrebande dans l'univers savant »[1].

En contrebande et à contre-courant. Sa prise en compte globale de la vie ne va-t-elle pas en effet contre le paradigme disciplinaire qui s'emploie méthodiquement à découper cette vie en différentes formes pour la comprendre ?

Face à ces découpes, cette entrée de la vie au singulier paraît pour le moins préscientifique. Aussi la présence semi-clandestine non seulement de cette notion mais surtout de ces pratiques indisciplinées pose question.

1. **Des affiliations disciplinaires.** — La façon la plus simple d'y répondre est de « disciplinariser » cette intrusion en la distribuant selon les filiations entrevues au chapitre précédent. Cette entrée dérobée amène de la vie fraîche ; les disciplines ainsi ravivées filtrent et décodent ces expressions courantes et les font passer d'un stade préscientifique à la scientificité selon les dominantes classiques.

« Dominante littéraire pour le groupe du Centre de sémiotique textuelle (Université de Paris X-Nanterre) qui, sous la direction de Philippe Lejeune, se consacre au champ biographique au sens large : autobiographie, récit de vie, biographie, journaux intimes... Dominante historique pour l'Association internationale d'histoire orale, dirigée par Paul Thompson (Oxford) et François Bédarida (Paris, CNRS). Dominante sociologique pour le Comité de recherche, n° 38, *Biographie et société* dirigé par Daniel Bertaux (Paris, CNRS) au sein de l'Association internationale de sociologie. »[2]

1. P. Bourdieu, L'illusion biographique, dans *Actes de la recherche en sciences sociales,* n° 62-63, 1986, p. 69.

2. Marie-Françoise Chanfrault-Duchet, Oralité, choralité du récit de vie (Le récit de vie : un nouveau genre oral), dans N. Brighi *et al., Parole al margini,* Torino, Tirrenia Stampatori, 1991, p. 130.

Ces éclairages disciplinaires sont très précieux pour dévoiler des constructions naïves du sens commun plus ou moins illusoires et démonter ce qui a pu être appelé l'idéologie biographique. Mais certaines de ces pratiques résistent à ces réductions disciplinaires.

« Il nous faut... inclure dans la vie les termes qu'exclut chaque vision unidimensionnelle et nous réinclure nous-mêmes, êtres humains, dans la définition de la vie. »[1]

Double inclusion qui va à l'encontre du « Plan des travaux scientifiques nécessaires pour réorganiser la société » (A. Comte, 1822). Mais ce plan positiviste date du XIXe siècle. Et Comte était le premier à en reconnaître la relativité.

2. **Une dynamique autonome.** — Sensible à la praxis humaine comme praxis totalisante et donc à l'importance des acteurs et de leur subjectivité explosive, F. Ferrarotti, à la suite de J.-P. Sartre et de L. Sève, défend l'autonomie de l'histoire de vie comme science de production de l'homme concret. Cette autonomie, selon lui, impose une rupture avec les approches disciplinaires courantes, car elle provient d'un

« double défi scientifique scandaleux... (elle) prétend attribuer à la subjectivité une valeur de connaissance... et (elle) se place au-delà de n'importe quelle méthode quantitative et expérimentale »[2].

Ce double défi, avec les paris épistémologiques et méthodologiques risqués qui en découlent, est propulsé par des problèmes vitaux dont le traitement exige une nouvelle anthropologie.

« Les grandes explications structurales qui aident des catégories très générales ne satisfont pas leurs destinataires. Les gens veulent comprendre leur vie quotidienne, ses difficultés, ses contradictions, les tensions et problèmes qu'elle impose. »[3]

1. E. Morin, *op. cit.,* 1980, p. 387.
2. F. Ferrarotti, *op. cit.,* 1983,p. 81-82.
3. F. Ferrarotti, *op. cit.,* 1983, p. 80.

Comment comprendre mais aussi comment gagner et faire sa vie avec une vie reçue sans la demander, ainsi qu'avec et contre la vie des autres ? Vastes questions existentielles liées, que traitent peu ou mal l'émiettement des disciplines et l'éclatement ou la relativisation des grands modèles pourvoyeurs de sens. Vastes questions aussi insolubles définitivement que sont incontournables, pour vivre, les microréponses à construire quotidiennement. C'est ce qu'essaient de conjuguer — conjurer — les histoires de vie.

II. — « Faire » sa vie

Cette conjugaison balbutiante à la première personne du singulier de mégaquestions et de microréponses n'aurait pas envahi subrepticement le discours social si un décalage profond ne s'était pas produit entre la vie — les vies — à conjuguer et les modèles de conjugaison, pas seulement disciplinaires mais aussi professionnels et même existentiels. Le modèle simple où les trois activités — étude, travail, retraite — des trois âges de la vie — jeunesse, adulte, vieillesse — s'emboîtaient linéairement, comme les rails de chemin de fer, ne correspond plus aux pratiques courantes en pleine explosion. Ces dernières semblent au cœur d'une secousse sismique provoquée par le choc de l'allongement de la durée de la vie individuelle avec l'apparition de sociétés à quatre ou cinq générations et le raccourcissement de durée de vie sociale des modèles techniques et culturels. Une « désinstitutionnalisation du cours de la vie » semble à l'œuvre[1]. Les générations d'humains et de matériels se multiplient et s'entrecroisent de façon inédite. Un même individu, au cours d'une vie qui s'allonge, doit conjuguer des métiers, des techniques, des modes, des modèles qui tendent à s'accélérer et se rac-

1. Martin Kohli, Le cours de la vie comme institution sociale, dans Francis Godard et Frédéric de Coninck (dir.), Biographie et cycle de vie, *Enquête, Cahiers du CERCOM,* n° 5, 1989, p. 37-43.

courcir. Des sociétés à plusieurs vitesses se créent, avec des inclus mais aussi des exclus, des reclus et des perclus.

1. **Des entrées précaires.** — L'entrée dans la vie[1] est de moins en moins évidente, que ce soit dans la vie adulte, professionnelle, affective ou même sociale. Dans les pays occidentaux un quart au moins des classes d'âge « jeune » rencontre de tels problèmes d'insertion sociale et professionnelle que naissent des conduites erratiques et de nouveaux champs d'orientation et de formation qui tendent à devenir continus. En effet aucune entrée n'est totale ni définitive. Beaucoup sont partielles et à « durée déterminée ». Le chômage devient structurel, n'épargnant que peu de professions. La précarité s'installe avec des entrées et des sorties ponctuelles, parfois à rythme accéléré. Brisant et émiettant les vies. Et faisant éclater la définition de l' « adulte » comme être achevé, ayant fini de croître. La fin de croissance physiologique n'entraîne plus une stabilisation harmonieuse dans les cadres de vie hérités. C'est au contraire l'entrée dans une vie précaire, transitionnelle, de pilotage en solitaire et à vue. Une série de crises ponctue l'avance en âge et charge le passage des décennies d'une angoisse sourde plus ou moins avouée[2].

2. **Des sorties critiques.** — Comme l'entrée, la sortie de la vie adulte est un passage hypercritique à négocier sans l'aide de beaucoup de précédents[3] : trouver le temps juste — ni trop tôt, ni trop tard — et la forme optimale appropriée à sa situation personnelle représente une opération

1. Georges Lapassade, *L'entrée dans la vie. Essai sur l'inachèvement de l'homme,* Paris, Minuit, 1963 ; Olivier Galland, *Sociologie de la jeunesse, l'entrée dans la vie,* Paris, A. Colin, 1991 : Dossier Devenir adulte, dans *Revue française de sociologie,* XXXI, 4, 1991.

2. G. R. de Grâce, P. Joshi, *Les crises de la vie adulte,* Montréal, Décarie, 1986.

3. H. Cukrowitz, C. Baichère, *Les temps sont faits. Analyse de récits de vie de préretraités,* Villeneuve-d'Ascq, Centre lillois d'études et de recherches sociologiques (multigr.), 1983.

complexe de prise de décision qui ne peut pas plus s'improviser individuellement que se décréter collectivement de façon uniforme.

Nouveau mode de conjugaison à apprendre. De même que pour l'après. Car la vie n'est pas finie. Avec l'allongement de l'espérance de vie et l' « acharnement thérapeutique » elle peut même se prolonger au-delà du souhaitable. Comment aménager ces nouvelles plages de temps qui peuvent représenter pour certains la moitié de leur vie[1] ?

3. **De singuliers entraînements.** — L'éclatement de l'emboîtement simple des trois âges fait éclater l'articulation des générations, les modèles de carrière toute tracée et les référentiels hérités des modes de vie précédents. Cette fin de millénaire est acculée à des interrogations bio-éthiques fondamentales et multidimensionnelles enserrant le cours de la vie humaine entre les risques de la biosphère et ceux de la biogénétique. Les cours sont en crise, remettant en cause les grands modes d'emploi, les grandes cartes élaborées antérieurement, en rendant beaucoup obsolètes.

Et cependant la vie continue... majoritairement.

> « Le seul fait expérimental qui démontre que la vie est généralement bonne, c'est que la très grande généralité des hommes la préfère à la mort. »[2]

Préférence qui fait développer, même minimalement, par chaque vivant, une lutte pour la vie. Lutte, donc résistance qui n'est jamais complètement passive : elle s'appuie sur une défense immunologique hyperactive et hypercomplexe de milliers de cellules qui, pour rester vivantes, doivent lutter contre la mort en l'utilisant. Ces crises obligent à retrouver la force vive des définitions de la vie des biologistes.

1. C. Lalive d'Epinay, *Vieillir ou la vie à inventer,* Paris, L'Harmattan, 1991.
2. E. Durkheim, *De la division du travail social,* Paris, Alcan, 1926, p. 225.

A la célèbre définition de Bichat du début du XIXe : « La vie est l'ensemble des fonctions qui résistent à la mort »[1], Atlan apporte ce complément suivant : « La vie est l'ensemble des fonctions capables d'utiliser la mort. »[2] Tant qu'il y a de la vie il y a non seulement de l'espoir mais la mobilisation concentrée d'une intense activité « computationnelle, informationnelle, communicationnelle »[3] à de multiples niveaux hiérarchiques enchevêtrés. Aussi la moindre perdurance psychique et sociale oblige à développer au quotidien des tactiques et stratégies personnelles minuscules mais vitales, souvent invisibles aux autres[4].

Et la vie ne peut se développer que grâce à ce continent obscur mais pulsionnant de l'auto-éco-réorganisation[5]. Face à l'éclatement des cadres externes faire et gagner sa vie obligent de plus en plus chacun à tenter d'expliciter pourquoi et comment, à faire le point, des bilans, des plans. A prendre la vie non seulement en main, mais aussi en tête pour faire la sienne.

Ce sont ces entraînements au quotidien et au long cours des âges qu'essaient de conjuguer, entre autres, les histoires de vie aux prises avec le défi anthropogénétique spécifique.

« A l'exigence de clarté rationnelle s'oppose l'exigence inéluctable de la totalité en actes. »[6]

Quelles nouvelles cartes du cours de la vie humaine se découvrent-elles de ces entraînements ?

1. Bichat, *Recherches physiologiques sur la vie et la mort* (1800), prés. J. Ménétrier, Verviers, Marabout Université, 1973.

2. H. Atlan, *Entre le cristal et la fumée. Essai sur l'organisation du vivant,* Paris, Seuil, 1979, p. 278.

3. E. Morin, *op. cit.,* 1980, p. 351.

4. M. Maffesoli, Le rituel et la vie quotidienne comme fondement des histoires de vie, dans *Cahiers internationaux de sociologie,* LXIX, 1980, p. 341-349.

5. Sur la prise en compte de cette culture expérientielle et vitale de la vie quotidienne, cf. entre autres M. de Certeau, *L'invention du quotidien,* I : *Arts de faire,* Paris, « 10/18 », 1980.

6. René Barbier, *La recherche-action dans l'institution éducative,* Paris, Gauthier-Villars, 1977, p. 118.

III. — Le cours de la vie

La perspective du cours de la vie est une de ces premières « exigences inéluctables de la totalité en actes » que propulse les histoires de vie avec l'éclatement des modèles classiques. Propulsion vitale mais magmatique, en fusion, entremêlant événements, interprétations, jugements. Pour désigner au plus près cette coulée de lave de l'*autos* dans la durée[1] est utilisée la notion de « cours » avec sa polysémie de mouvement, d'enseignement et d'estimation boursière : la mise en sens de ces flux est à la mesure de leur prise en compte.

1. **Les âges de la vie.** — D'autres concepts — d'ordre temporel et spatial — commencent à se construire pour traiter le cours, dans sa diachronie ou ses déplacements : âges, temps, cycle de vie, cheminement, étape, stade, parcours, trajet, trajectoire, itinéraire[2].

Ces constructions ont longtemps été retardées par des conceptions statiques et surdéterminantes de ce cours. Connaître les premières années avec leur conditionnements psychiques ou sociaux suffirait pour connaître la suite.

Ce n'est que depuis le milieu de ce siècle que cette perspective de « la longue durée » lancée par C. G. Jung et C. Bühler est travaillée systématiquement, et encore seulement par les auteurs nord-américains et allemands majoritairement. Une présentation francophone d'ensemble des courants américains a été opérée par Renée Houde[3] avec les grands précurseurs — Jung, Bühler, Erikson, Neugarten et Havighurst — et une dizaine des contemporains. En France, Claudine Attias-Donfut reprend ces courants sous l'angle de la sociologie des générations[4]

1. G. Gusdorf, *Lignes de vie*, 2 : *Auto-bio-graphie*, Paris, O. Jacob, 1990.
2. Cf. de Coninck/Godard (Ed.), 1989, *op. cit.*
3. Renée Houde, *Les temps de la vie, le développement psychosocial de l'adulte selon la perspective du cycle de vie*, Chicoutimi, Gaetan Morin, 1986.
4. C. Attias-Donfut, *Sociologie des générations. L'empreinte du temps*, Paris, PUF, 1988, et *Générations et âges de la vie*, Paris, PUF, 1991.

2. **La carriérologie.** — L'appréhension de la vie au travail — la carrière — commence à rassembler un certains nombres de scientifiques et de professionnels — psychologues, orienteurs, gestionnaires, formateurs, responsables de ressources humaines — pour constituer un nouveau domaine d'étude : la carriérologie.

Dans cette mouvance, Danielle Riverin-Simard et son équipe développent depuis une quinzaine d'années un modèle très étayé théoriquement et empiriquement. Elle en a fait une première présentation dans son premier livre *Les étapes de la vie au travail*[1] (1984). En 1990, un deuxième ouvrage, *Carrières et classes sociales*[2], décode les trajectoires selon les catégories socioprofessionnelles et selon une matrice très heuristique de typologisation des projets de vie au travail croisant les types d'histoires visées — personnelle, sociale, cosmique — avec deux attitudes fondamentales, adaptative et créative.

Ces modèles sont construits à partir de l'expression des acteurs sociaux sur la façon de gérer leur avance en âge dans l'organisation sociale du travail. Les variables individuelles et sociales sont prises en compte, mais dans leur articulation temporelle effective, dans des parcours de vie. Le cours de la vie commence à s'éclairer à la fois de ses déterminants mais aussi de ce que les acteurs en font, c'est-à-dire de la façon dont il est vécu.

3. **Le cours de vie comme institution sociale.** — Le comportement biographique entre aussi de façon importante dans la construction du concept de « cours de vie comme institution sociale » de l'Allemand Martin Kohli. Ce qui amène un éclairage réciproque sur la détermination sociale et individuelle de ce cours.

« Par “institutionnalisation du cours de vie”, je désigne une unité contradictoire revêtant trois dimensions : la première est celle de la chronologie : il y a une normalisation (ou standardisation) du cours de vie dans le sens de l'évolution d'une

1. Montréal, A. Saint-Martin, 1984.
2. D. Riverin-Simard, *Carrières et classes sociales,* Montréal, Saint-Martin, 1990.

séquence chronologique avec des étapes bien définies. La seconde est celle de la continuité : avec la création d'une vie prévisible et avec une mesure de sécurité (aussi au sens matériel). La troisième concerne la biographie propre : il s'agit de la genèse d'un code de développement personnel, de croissance *(personal growth)*, code qui dit que la vie est un projet personnel et qu'il faut décider soi-même. »[1]

Depuis les années 60 Kohli constate une désinstitutionnalisation du cours de vie tel qu'institué antérieurement : éclatement du cycle familial au niveau des séquences chronologiques ; du cycle étude/travail/retraite et enfin du code biographique atteint d'un processus d'individualisation.

« Avant, le dynamisme du code biographique était contrôlé par la structure normale institutionnalisée du cours de vie. Aujourd'hui c'est l'individualité elle-même qui est institutionnalisée au sens d'une recherche permanente de critères personnels. »[2]

Ce « cours de vie individualisé », dans son extension temporelle globale, est déjà l'unité de base comptable et réflexive des assurances « vie », des caisses de retraite et de certaines banques. Il tend à le devenir dans les politiques de gestion éducative et professionnelle des populations (élargissement du crédit formation aux adultes, discussion sur le crédit minimum d'existence...). Sa première prise en compte boursière est donc déjà effectuée. Sa reconnaissance scientifique commence avec les approches entrevues qui historicisent l'individualisme méthodologique. Face à ces investissements, avec mais aussi parfois contre eux, vitale est la recherche de construction de sens des acteurs sociaux à partir de leur cours de vie.

1. Kohli, *op. cit.*, p. 37-38.
2. Kohli, *op. cit.*, p. 43.

IV. — L'interaction : organisme/environnement

La vie humaine s'impose donc d'abord comme instant s'écoulant dans une durée plus ou moins longue, comme un « cours » entre passé et futur, naissance et mort. Immédiatement, elle se pose aussi comme interaction entre organisme et environnement. Un être humain qui ne respire plus est un être mort.

La montée du paradigme écologique contribue à découvrir cette unité vitale et son hypercomplexité d'auto-éco-ré-organisation permanente.

1. **L'auto-écoformation.** — Au début des années 70, où s'élaboraient les premières lois de la formation continue, un groupe de recherche de Montréal prenait le couple « s'éduquant-environnement » comme unité de base de construction d'un modèle théorique d'éducation permanente et le développait selon un certain nombre de propositions :

> Proposition 1.7 : « Le processus d'interaction SE-ENVE est éducatif dans la mesure où il engage la totalité du s'éduquant et la totalité de l'environnement. » Proposition 1.10 : « La direction que prend un processus d'interaction SE-ENVE véritablement éducatif est imprévisible pour une très large mesure. »[1]

De cette unité c'est le terme « s'éduquant » avec sa connotation active qui a été le plus retenu, mais en perdant son trait d'union vitale à l'environnement.

L'essai de compréhension des leçons apportées par l' « école de la vie » oblige à reprendre ce trait d'union et à construire ce qui peut être appelé le paradigme auto-écologique de la formation, à la suite de J.-J. Rousseau et à l'aide des écosystémistes actuels et des courants orientaux[2]. De même le concept de « milieu » réactualisé par

1. Opération Départ Montréal, Rapport final, livre II, 1971, p. 6 et s.
2. Cf. Gaston Pineau et coll., *De l'air, essai sur l'éco-formation,* Paris, Païdeia, Montréal, Sciences et culture, 1992. Cf. également *Pratiques de formation/analyses,* n° 21-22, 1991 : « Le devenir du sujet en formation : l'influence des cultures "autres" qu'occidentales », coord. R. Barbier.

G. Lerbet comme système personnel de gestion des interfaces offre une entrée très heuristique pour mettre en culture cet entre-deux en jachère[1].

2. **L'interaction Personne-Environnement (P-E).** — Pour combler les carences conceptuelles en ce qui concerne le traitement des problèmes d'orientation et d'insertion socioprofessionnelle, le concept d'interaction Personne-Environnement s'impose aussi comme fondamental.

« Parmi ces recherches, il se dégage une constante qui pourrait nous mettre sur la piste de l'élaboration de conceptions pertinentes du phénomène de l'insertion socioprofessionnelle. En effet la majorité de ces écrits semblent se référer à un processus central appelé "interaction personne-environnement (P-E)". »[2]

3. **Reconnaître les boucles étranges**[3] — Par-delà les dispositifs de gestion professionnelle et institutionnelle des âges de la vie, les acteurs sociaux, pour survivre aux frontières de leur organisme et de leurs environnements, sont obligés de développer des tactiques et même des stratégies de transactions vitales.

Par exemple, la conjugaison du temps passé — qui constitue une pratique courante du troisième âge luttant contre la désinsertion — est-elle seulement la répétition pathologique d'un disque bloqué ou une forme réflexe, profondément humaine, de faire — et

1. Georges Lerbet, *L'école du dedans,* Paris, Hachette, 1992.
2. D. Riverin-Simard, Conceptions interactionnelles de l'insertion et de l'adaptation socioprofessionnelle, dans Dupont et coll., *Education et travail,* Un. de Sherbrooke, 1991, p. 7-45.
3. Concept autopoïétique fondamental lancé par Douglas Hofstadter, *Gödel, Escher, Bach, Les brins d'une guirlande éternelle,* Paris, Interéditions, 1985 (1re éd., 1979) ; chap. XX : « Boucles étranges ou hiérarchies enchevêtrées », p. 770-812.

« ... les explications des phénomènes émergent de nos cerveaux comme les idées, les espoirs, les images, les analogies, et pour finir la conscience et le libre arbitre reposent sur une sorte de Boucle Etrange, une interaction entre des niveaux dans laquelle le niveau supérieur redescend vers le niveau inférieur et l'influence tout en étant lui-même en même temps déterminé par le niveau inférieur. Il y aurait donc, autrement dit, une "résonance" autorenforçante entre différents niveaux... le Moi naît dès lors qu'il a le pouvoir de se refléter » (p. 799).

refaire sa vie — en tricotant du sens, tout en cherchant à transmettre de l'information ? Dernière manifestation tremblotante mais têtue de cette boucle étrange du langage tentant tragiquement de conjuguer les éléments même se décomposant, d'une existence fuyante. De même des récits de vie d'expériences extrêmes peuvent constituer les instruments ultimes de reconstruction de vies hachées, brisées par des confrontations en direct de la mort[1].

Ces prises de paroles subjectives, qui peuvent paraître dérisoires scientifiquement pour certains, sont vitales pour le sujet puisqu'elles l'articulent à son environnement autant qu'il les articule. Importantes aussi pour les autres sujets qui veulent rejoindre cette vie dans son activité singulière de conjugaison — d'auto-éco-ré-organisation — de ses éléments intérieurs et extérieurs, même négatifs.

Ces paroles de sujets sur leur vie — ces paroles autoréférentielles — ont un statut très particulier et donc controversé : elles sont des indicateurs mais aussi elles sont des opérateurs d'unification vitale, d'autoproduction de vie qui implique dialectiquement un processus de subjectivation, de prise de parole et de conscience de l' « intérieur », mais aussi un processus de socialisation, d'autopositionnement de et dans l'extérieur.

4. **Une question politique.** — La reconnaissance sociale de la validité objective de ces paroles subjectives autoréférentielles constitue un enjeu majeur pour les individus et la société. Leur méconnaître un droit de cité — considérer les individus comme des choses — est simplifier le gouvernement de cette cité en l'homogénéisant et en la confiant à des minorités « éclairées ». Mais c'est chosifier, déresponsabiliser et en définitive assujettir les sujets.

Reconnaître non seulement leur droit à l'expression mais aussi la validité de cette expression est une option épistémopolitique. C'est reconnaître que la lutte pour la

1. Michaël Pollak, *L'expérience concentrationnaire. Essai sur le maintien de l'identité sociale,* Paris, A.-M. Métailié, 1990.

vie développe chez ces acteurs peut-être autant de pouvoir et de savoir-vivre valide, même insu et en contrebande, que les essais de gestion de ces mêmes vies par des dispositifs institués externes. Mais c'est accepter dans la société des zones d'indécidabilité externes et donc le surgissement de pouvoirs et de savoir-vivre autonomes, imprévisibles.

La prise en compte de la totalité de la vie et des vies dans la recherche de sens ne pose donc pas seulement des problèmes épistémologiques encombrants mais aussi des problèmes politiques majeurs : qui peut connaître ? Qui en a le droit et le pouvoir ? Et jusqu'où et pourquoi ? Cette visée quasi démiurgique de savoir sur la vie est prise entre les logiques de tous pouvoirs d'investir toute la vie et toutes les vies pour s'exercer à part entière et les pulsions vitales des sujets de conjuguer leur unicité à la totalité pour exister.

Suivant leur condition sociale d'exercice, les histoires de vie peuvent être des techniques puissantes d'assujettissement des sujets par des pouvoirs épistémocratiques, comme des moyens aussi puissants d'autonomisation de ces sujets par la conjugaison personnelle de leurs déterminants qui ouvre une épistémodémocratie ! Dans les deux cas elles constituent des « biopouvoirs » importants tant pour l'art de gouverner que pour celui d'exister. Leur montée actuelle ne correspond-elle pas à un « seuil de modernité » — ou de postmodernité — biologique ?

V. — **Une entrée double dans l'histoire**

L'entrée de la vie dans l'histoire, c'est-à-dire dans « l'ordre du savoir et du pouvoir » (M. Foucault), est une des plus difficile qui soit. Elle se heurte à l'obstacle épistémologique basique, originel de l'implication fondamentale des vivants dans cet incompressible paradigme.

1. **L'obstacle bio-épistémologique originel.** — Penser la vie c'est paradoxalement d'abord s'en décoller, se

déplier, faire éclater cette « implication », ouvrir un entre-deux.

« La pensée n'est rien d'autre que le décollement de l'homme et du monde qui permet le recul, l'interrogation, le doute (penser, c'est peser, etc.) devant l'obstacle surgi. »[1]

C'est ensuite se glisser dans cette fissure, cet entre-deux, et entreprendre d'apprendre — en tiers — la dualité :

« La position double de la vie qui la met à la fois à l'extérieur de l'histoire comme son entour biologique et à l'intérieur de l'historicité humaine, pénétrée par ses techniques de savoir et de pouvoir. »[2]

La vie est alors saisie à la fois comme l' « entour », l'environnement inaccessible et comme ce qui est pris, gagné, de haute lutte, à cette limite, cette frontière à vivre, à mort.

« Il n'est pas vrai que la connaissance détruise la vie, mais elle défait l'expérience de la vie afin d'en abstraire par l'analyse des échecs, des raisons de prudence (sapience, science, etc.) et des lois de succès éventuels, en vue d'aider l'homme à refaire ce que la vie a fait sans lui, en lui, hors de lui. »[3]

La difficulté de penser et de vivre cet obstacle bio-épistémologique est renforcée par un interdit sociomythique que chaque génération décline disciplinairement.

« Qu'il n'étende pas maintenant la main, ne cueille aussi de l'arbre de vie, n'en mange et ne vive pour toujours » (Genèse 3 22).

Dans les rapports de succession, donc de pouvoir, entre générateur et généré, l'accès à l'arbre de vie représente la dernière étape après l'accès à la connaissance. Relever les bras et prendre la vie en main — différentiellement et délicatement —, cueillir et manger de son arbre « immortalise » ! Cette connaissance vitale représente un

1. G. Ganguilhem, *La connaissance de la vie,* Paris, Vrin, 1969, p. 10.
2. Michel Foucault, *La volonté de savoir, histoire de la sexualité,* 1, Paris, Gallimard, 1976, p. 189.
3. Ganguilhem, *op. cit.,* p. 10.

moyen décisif de sur-vie personnelle et de maîtrise sociale. Pas étonnant qu'à ces frontières de pouvoirs biocognitifs discriminants chaque génération édicte ses règles d'accès en éloignant les suivantes de leur cadre de vie originel — leur espace de connaissance et de culture personnelles, leur jardin — et en établissant une série de barrages sur le chemin du retour vers la structure vitale. Plus de possibilité immédiate de prise ni de milieu cultivé facilitateur. Avant de pouvoir prendre la vie en main, chaque génération doit vaincre une série d'obstacles sociaux, matériels et spirituels.

« Le conflit n'est pas entre la pensée et la vie dans l'homme mais entre l'homme et le monde dans la conscience humaine de la vie. »[1]

La lutte pour la connaissance de la vie commence toujours par une contrebande sociale.

2. **Passage de seuils de modernité biologique.** — Longues contrebandes intergénérationnelles entre ciel et terre, entre les dieux et les hommes, longtemps circonscrites officiellement entre les représentants des uns et des autres. Selon Foucault, il faut attendre le XVIIIe siècle en Occident pour que, entre la conception divine et non divine de la conscience humaine de la vie, s'opèrent un démarquage et un départage des savoirs et des pouvoirs suffisants pour autonomiser des terrains humains. A cette époque, ces derniers franchiraient un « seuil de modernité biologique », c'est-à-dire un

« moment où l'espèce entre comme enjeu dans ses propres stratégies politiques »[2].

Elle y entre non seulement en donnant et recevant — d'ailleurs — la naissance et la mort, mais en investissant et gérant — de l'intérieur — l'entre-deux : sa vie.

1. Ganguilhem, *op. cit.*, p. 10.
2. Foucault, *op. cit.*, p. 188

« Pour la première fois sans doute dans l'histoire, le biologique se réfléchit dans le politique ; le fait de vivre n'est plus ce soubassement inaccessible qui n'émerge que de temps en temps, dans le hasard de la mort et sa fatalité ; il passe pour une part dans le champ de contrôle du savoir et d'intervention du pouvoir. »[1]

A) *Les biopouvoirs.* — Passage partiel, progressif-régressif, conditionné au départ par les positions et dispositions dominantes des passeurs du siècle des Lumières développant du « biopouvoir », à comprendre non comme un privilège ou une propriété statique mais comme la prise et l'exercice de nouveaux savoirs stratégiques vitaux.

Ces biopouvoirs se seraient développés à partir de deux pôles principaux : la prise en compte des corps individuels vus comme non spirituels, comme organismes à comprendre, investir et faire produire ; et la gestion des populations comme ressources humaines à reproduire.

« Les disciplines du corps et les régulations de la population constituent les deux pôles autour desquels s'est déployée l'organisation du pouvoir sur la vie. »[2]

B) *Les histoires de vie comme arts de l'existence.* — Parmi ces biopouvoirs, le pouvoir-savoir sur la sexualité constitue un enjeu stratégique majeur, car la vie sexuelle est charnière entre la vie individuelle et la vie sociale, la discipline du corps et la régulation des populations, les arbres de connaissance et de vie. Le pouvoir-savoir utiliser cette charnière constitue donc pour l'individu et l'espèce un enjeu vital.

La dernière grande exploration[3] de Foucault pour approcher le sujet désirant est l'histoire de la sexualité

1. Foucault, p. 188.
2. Foucault, p. 183.
3. Sur l'itinéraire philosophique jusqu'à celle-ci, voir Hubert Dreyfus et Paul Rabinow, *Michel Foucault : un parcours philosophique,* Paris, Gallimard, 1984 (1re éd., Chicago, 1982).

« comme expérience, c'est-à-dire corrélation, dans une culture entre domaines du savoir, types de normativité et formes de subjectivité »[1].

Au terme d'un déplacement qu'il juge risqué mais fondamental, il découvre de nouvelles pratiques vitales, les arts de l'existence.

« Par là il faut entendre des pratiques réfléchies et volontaires par lesquelles les hommes non seulement se fixent des règles de conduite, mais cherchent à se transformer eux-mêmes, à se modifier dans leur être singulier et à faire de leur vie une œuvre qui porte certaines valeurs esthétiques et répondre à certains critères de style. »[2]

A notre connaissance, Foucault ne parle pas d'histoire de vie sauf pour lui-même pour justifier son entreprise risquée :

« l'enjeu était de savoir dans quelle mesure le travail de penser sa propre histoire peut affranchir la pensée de ce qu'elle pense silencieusement et lui permettre de penser autrement »[3].

Il nomme ce travail d'affranchissement « exercice philosophique » ; il renoue ainsi avec l'art d'accoucher de soi développé par les *« bios »* socratiques et repris individuellement jusqu'au XVIIIe siècle par les plus vigoureux passeurs de frontières. Au XVIIIe siècle un seuil est franchi dans cette production autobiographique qui fait entrer massivement dans l'histoire la vie les notables. Cette entrée massive médiatise l'exercice philosophique et le romantise, mais accompagne le franchissement du seuil de modernité biologique pointé par Foucault.

En cette fin de XXe siècle, la vie qui cherche à entrer dans l'histoire n'est plus seulement celle des notables, mais celle des tout-venants voulant prendre leur vie en main et qui se lancent dans cet exercice jusqu'ici réservé à l'élite. De quel droit ? La vulgarisation de cet art singulier

1. Foucault, *L'usage des plaisirs, histoire de la sexualité*, II, Paris, Gallimard, 1984, p. 10.
2. Foucault, *op. cit.*, 1984, p. 12.
3. Foucault, *op. cit.*, 1984, p. 15.

est taxée d' « illusion biographique » par certains[1] et de « révolution biographique » par d'autres[2]. Le mouvement d'entrée de la vie dans l'histoire est donc double et ambivalent : c'est celui de toute les vies mais aussi de tous les vivants. Un autre seuil de modernité biologique est-il en voie d'être franchi ? Vers quelle histoire ?

1. Bourdieu, 1986.
2. Lucien Sève, dans M. Bertrand *et al., JE. Sur l'individualisme. Approches pratiques/ouvertures marxistes,* Paris, Messidor/Ed. Sociales, 1987, p. 239-247.

Chapitre V

QUELLE HISTOIRE ?

L'entrée progressive des histoires de vie dans l'Histoire est concomitante d'un franchissement d'un seuil de modernité biologique dans la problématisation des différentes dimensions de la vie humaine et non humaine. C'est une poussée massive de vies venant d'en bas à la recherche de construction d'elles-mêmes.

La relative nouveauté de l'expression fait qu'elle n'a pas encore été beaucoup travaillée de front. Dans le numéro inaugural des *Cahiers internationaux de sociologie* intitulé « Histoire de vie et vie sociale »[1], Daniel Bertaux l'évacue au profit de l'approche biographique, avec la distinction nord-américaine entre *life-history,* étude de cas à partir du croisement de documents, et *life-story,* récit de vie, effectué par la personne. Par contre Franco Ferrarotti souligne l'intérêt de cette référence temporelle pour débloquer les sciences sociales :

> « Comment sortir de l'historicisme, désormais épuisé et incapable de nouveauté ni dans le contexte de la découverte ni dans celui de la validation, sans pour autant éliminer la temporalité des phénomènes humains ? »[2]

C'est parce qu'elle indique directement comme fondateur et majeur ce travail temporel à la base que l'expression nous paraît à mettre en culture. Nous le ferons à par-

1. Vol. LXIX, 1980.
2. *Op. cit.*, p. 31.

tir de quatre questions : la vie est-elle une histoire ? Sinon, pourquoi en faire une ? Comment est-ce possible ? Quel statut a cette histoire ?

I. — La vie est-elle une histoire ?

Le premier argument pour dénoncer l'illusion biographique d'une construction historique est que la vie n'est pas une histoire, c'est-à-dire un ensemble ordonné, sensé. C'est un mélange de hasard et de nécessité dont la narration ne peut être qu'une reconstruction subjective et arbitraire sans aucune objectivité. Cet argument est fort car c'est un « relent » très prégnant d'une conception positiviste de l'histoire, la voyant comme la reproduction, avec le minimum de déformation, d'un objet préconstruit dans le passé.

Tant la philosophie critique de l'histoire que l'Ecole des Annales ont démonté cette vision faussement simple. En soulignant combien l'historien est impliqué et conditionné par sa position présente, Raymond Aron a fortement contribué à la « dissolution de l'objet historique »[1]. Cet objet n'est pas un en-soi préexistant mais un reconstruit à partir de traces passées et de points de vue présents. Et la « vérité historique » est à comprendre en terme de relativité et de probabilité. Elle est au moins double, faite d'information sur le passé et sur l'historien. Marc Bloch, un des fondateurs de l'Ecole des Annales a lancé l'histoire nouvelle comme une « connaissance par traces » dépendante entre autre de la renomination des objets[2].

Ce n'est donc pas l'ordonnancement antérieur qui fonde la possibilité de l'objet historique. C'est même souvent l'inverse, le surgissement d'une rupture, d'un événement dont le sens est recherché et construit après. Et c'est

1. *Introduction à la philosophie de l'histoire : essai sur les limites de l'objectivité historique,* Paris, Gallimard, 1986, (1re éd., 1938).
2. Cf. Ricœur, *Temps et récit,* t. 1, 1983, p. 138-146.

justement parce que la vie humaine n'est pas une histoire mais de troubles entre-deux aux prises avec de multiples histoires, des continuités et des discontinuités à articuler, que les vivants cherchent à en faire une. Pourquoi ?

II. — Que signifie vouloir en faire une ?

Le traitement de cette mégaquestion va s'opérer à partir de la présentation rapide des raisons données par plus de cinquante personnes, auteurs d'autant de pratiques d'histoires de vie et ensuite à partir des débuts de théorisation autour du concept d'historicité et du temps biographique comme temps de genèse.

1. **Agir, comprendre mais aussi s'émanciper.** — Les formulations explicites des raisons, motifs et objectifs avancés par une cinquantaine de praticiens d'histoires de vie se sont regroupées de façon à peu près égale sous trois grandes finalités : soit l'action, la compréhension et l'émancipation[1]. La dichotomie finalités pratiques et finalités théoriques épuise habituellement les quadrillages classiques. Si la troisième s'est imposée, c'est en raison même de formulations qui ont pu être regroupées autour de trois mots (appropriation, conscience, émancipation) et deux préfixes (auto et re).

Cette trilogie de finalités d'action, de compréhension et d'émancipation commence à s'étayer théoriquement de façon très heuristique en formation d'adultes[2] avec la distinction d'Habermas entre trois types d'intérêt de connaissance : technique pratique, émancipatrice[3]. En particulier le dernier déborde l'émancipation politique au sens strict pour rejoindre la libération relative qu'opère la prise de conscience réflexive et critique des déterminants

1. Pineau/Jobert, t. 1, 1989, p. 51-59.
2. Cf. principalement Matthias Finger, *Apprendre une issue, op. cit.*
3. Cf. Jürgen Habermas, *Connaissance et intérêt,* Paris, Gallimard, 1976.

existentiels par leur expression. Cette auto-expression semble une condition nécessaire — même si elle n'est pas suffisante — d'émancipation. Cet intérêt propulse de façon importante la « rage » de traduire la vie en mots. L'enjeu majeur est peut-être moins l'histoire en tant que produit fini que la possibilité d'expression permettant sa construction, c'est-à-dire un accès à l'historicité.

2. **Acquérir son historicité.** — Dans une société historique — visibilisant et imposant son sens dans des écrits — il n'est pas si facile de comprendre ce que signifie l'accès d'une vie à l'historicité, c'est-à-dire à son histoire, à sa construction, et non pas seulement à l'histoire des autres[1]. C'est faire jaillir une source, une genèse personnelle de sens temporel.

Avant d'être une discipline académique, un corpus de connaissance, une chronologie ou même un récit distrayant, l'histoire, étymologiquement, est une recherche, une construction, un « tissage » de sens à partir de faits temporels[2].

Curieusement ce sont les expressions populaires courantes qui ont gardé le plus explicitement ce sens dynamique originel. « Ne fais pas d'histoire » signifie ne pose pas de question, ne cherche pas noise. Une personne à « histoire » est une personne à problèmes qui pose question.

Un grand questionneur iconoclaste, Michel Serres, est sensible à ces conditions turbulentes parfois déchirantes de naissance de l'histoire. « L'histoire ne naît pas de l'instance divine... de l'instance guerrière... ni de l'instance économique... Elle naît de la noise d'où sont nés ces trois concepts... Elles ne naît pas des instances mais des circonstances... J'aimerais ouïr la clameur de l'intellect à l'état naissant, la fureur de connaître. »[3]

Les processus de production de l'histoire, d'historicisation sont éclipsés par les produits finis qui se réifient dans

1. Sur « histoire » et « historicité » voir de Gaulejac, *op. cit.,* 1987, chap. 1, p. 25-65.
2. Cf. Lalande, *Vocabulaire de la philosophie,* Paris, PUF, 1962, Origine grecque : métier à tisser.
3. Michel Serres, *Genèse,* Paris, Grasset, 1982, p. 165.

l'Histoire avec majuscule, durée ordonnée d'une vie sociale ou individuelle. Durée qui s'impose en des Histoires monumentales et antiquaires.

C'est contre cet historicisme totalitaire refoulant les recherches personnelles de construction de sens à partir de la vie que s'en prend Nietzsche dans le bouillonnement de sa jeunesse, dans la seconde de ses *Considérations intempestives* parues en 1874 et intitulées *De l'utilité et des inconvénients de l'histoire pour la vie*[1]. Un excès d'histoire des autres peut non seulement inverser le cours de la vie mais le refouler jusqu'à lui dénier tout sens, sinon celui de vénérer les arrières. Pour être utile à la vie l'histoire doit être critique, éclairant et renforçant le présent, même par oubli et condamnation du passé. Cette a-histoire et anti-histoire peut expliquer le rôle formateur des amnésies dans la vie.

Vouloir faire une histoire de sa vie c'est vouloir accéder à l'historicité, c'est-à-dire à la construction personnelle de sens à partir des sens reçus, des non-sens et contresens qui égrènent et jalonnent l'expérience vécue des entre-deux, naissance et mort, organisme et environnement.

Les logiques disciplinaires ont séparé et clivé les trois sens du mot sens : sensation, orientation, signification[2]. En bonne méthodologie, car les réalités auxquelles ils renvoient sont chacune hypercomplexe. Mais le cours de la vie est ponctué d'expériences marquantes provenant de leur concentration.

« Sentir est une expérience empathique. En sentant, nous nous éprouvons nous-mêmes dans le monde et avec le monde. La préposition “avec” n'est pas composée d'une partie d'expérience, le “Monde” et d'une autre le “Je”. Le phénomène unitaire de la sensation se déploie toujours vers les pôles du Monde et du Je. »[3]

On peut dire que plus l'expérience est forte — sensationnelle — plus elle impressionne jusqu'à faire chavirer,

1. Paris, Aubier, 1964.

2. Cf. D. et N. Dufour, Formation et langage, dans *Formation*, 2, Paris, Payot 1974.

3. Erwin Straus, *Du sens des sens. Contribution à l'étude des fondements de la psychologie*, Grenoble, J. Millon, 1989 (1935), p. 332.

moins rapidement elle peut être comprise. Il faut qu'elle se ré-exprime, qu'elle redéploie son mouvement en différé et au ralenti pour qu'elle puisse être saisie et ordonnée. L'expérience vécue n'accède à l'histoire — à un sensé ordonné et daté — que si elle s'exprime et se re-présente. Cette re-présentation, cette conquête d'un nouveau présent est paradoxale, car elle est à la fois produit d'un travail de remémoration et aussi surgissement de nouveau comme synchronie de plusieurs temps, comme don, présent. Présent, gros et fort de présences concentrées, comme essences de l'irreprésentabilité du temps et de ses possibilités.

L'arrivée de ce présent historique ponctue, sans doute le plus spécifiquement et en premier, l'accès à l'historicité par la voie des histoires de vie. Cet accès n'est pas terminé. Il reste le futur. Mais ce présent l'ouvre comme horizon d'attentes, capacités de projection et aussi pont de construction. Il est donc important de l'explorer davantage.

3. **Accéder à un présent historique singulier.** — Le surgissement de ce présent singulier met en prise synchrone sur les déterminants de l'existence mais aussi ses indéterminations et le jeu — parfois très mince — qui en résulte. Tenter d'approcher un peu plus cette prise, non seulement de conscience mais aussi d'existence sur la situation temporelle vitale, paraît nécessaire pour pondérer tant les autosujétions que les hétéro-interdits qui jalonnent cette recherche de savoir-pouvoir sur la vie.

A) *Un temps inchoatif.* — En analysant les *Confessions* d'Augustin, Gusdorf a dégagé ce vecteur temporel spécifique de l'autobiographie. Pour lui, il n'est ni rétrospectif ni prospectif mais inchoatif, ouvrant des commencements, opérant des percées singulières non seulement sur le sujet mais aussi sur l'environnement.

B) *Une sociogenèse.* — Dans le champ sociologique, Ferrarotti situe l'intérêt spécifique de la méthode biographique dans l'accès à la sociogenèse de base qu'effectue l'expression — déstructurante/restructurante — du vécu des structures sociales par les acteurs eux-mêmes.

« Dans la biographie, la société perpétuellement à l'état naissant coexiste avec la société structurée. L'action sociale en cours coexiste avec l'action sociale réifiée. »[1]

C) *L'éclairage herméneutique.* — L'herméneutique de la conscience historique, telle que développée par Ricœur, permet peut-être d'approcher au plus près la nature de ce présent historique singulier généré par les histoires de vie[2]. De cette herméneutique trois concepts nous semblent majeurs pour décoder la singularité historique du « présent » biographique : celui d' « histoire » comme avènement d'un tiers temps, celui de « présent historique » et enfin celui d' « identité narrative ».

a) Un tiers temps. — Entre les grandes écoles historiques spéculatives et empiriques, Ricœur propose une troisième conception de l'histoire qu'il voit comme construction d'un tiers temps entre le temps cosmique et le temps biologique. Cette construction a pour but de combler leur écartèlement, de les conjuguer. Cette conjugaison historique s'effectue grâce à une série de connecteurs qu'il rassemble sous trois grandes catégories :

— les connecteurs calendaires tels que année, saison, mois, jours, heures... Ils constituent l'étayage astronomique du temps historique au temps cosmique. Pas seulement pour dater les événements du temps vécu selon une référence universelle, mais aussi pour vivre cycliquement un certain nombre de rites et de rythmes ;
— les connecteurs générationnels : contemporains, prédécesseurs, successeurs. Ces derniers assurent l'étayage biologique

1. Ferrarotti, 1983, p. 54. Sur l'état naissant cf. le concept d'instituant du courant de l'Analyse institutionnelle, et F. Alberoni, *Génésis. Mouvements et institutions,* Paris, Ramsay, 1992 (1re éd., 1989).

2. Cette herméneutique est synthétisée dans le dernier chapitre (7) et la conclusion du dernier tome de *Temps et récit,* t. 3 : *Le temps raconté,* Paris, Seuil, 1985, p. 300-391.

du temps historique. Particulièrement importants pour les histoires de vie portées directement par des corps où l'âge est un facteur lourd d'identification, de classement et d'interaction sociale ;
— enfin les traces laissées : archives, documents, productions, œuvres.

Construire son histoire de vie c'est construire un tiers temps historique personnel articulant de façon singulière traces, places et dates dans le cours de la vie sociale et cosmique. Construction laborieuse et audacieuse qui demande d'avoir vécu et d'oser se différencier de ce vécu pour construire et y inclure ensuite un tiers temps singulier tendu entre particularité et universalité.

b) Un présent historique. — Ce concept veut traduire l'exercice d'un point-foyer de transformation du passé en temps singulier.

« Le terme ultime d'une histoire accomplie et peut devenir la force inaugurale d'une histoire à faire. »[1]

Peut devenir car il a son autonomie propre, il est un temps de suspens.

« Un temps de suspens est sans doute requis pour que nos visées du futur aient la force de réactiver les potentialités inaccomplies du passé. »[2]

Temps de suspens éminemment singulier ouvrant des horizons à la mesure de ses étayages, cosmique et générationnel[3].

Parce qu'il a son autonomie, ce présent historique libère des capacités personnelles de projection qui en fait une rampe de lancement privilégiée pour piloter l'avenir. Mais le prolongement en projet n'est pas automatique. Des points de suspension sont à travailler[4]. Le futur

1. Ricœur, t. 3, 1985, p. 345.
2. *Op. cit.*, p. 346.
3. *Op. cit.*, p. 337.
4. Cf. J.-P. Boutinet, *Anthropologie du projet,* Paris, PUF, 1990, et J. Vassileff, *Histoires de vie et pédagogie du projet,* Lyon, Chroniques sociales, 1992.

n'est pas résolu. Au contraire il s'ouvre, irrésolu, mais propulsé par l'advenue risquée, aventureuse d'une historicité, c'est-à-dire d'un pouvoir-savoir vivre singulier s'auto-écopilotant.

c) Une identité narrative. — Le concept d'identité narrative veut désigner l'état civil du « rejeton fragile », mais singulièrement complexe, qui accède ainsi à ce présent historique unifiant. Il désigne rien de plus mais rien de moins que la configuration de l'action apportée par le récit, fruit d'un questionnement en retour mettant ensemble à partir d'un point de vue présent un passé.

L'herméneutique de la conscience historique de Ricœur est une refondation de la valeur productrice (poïétique) du récit pour re-présenter *(mimesis)* l'action en la transformant par une mise en ordre, en sens, en intrigue *(muthos)*. Cette mise en ordre, en intrigue est donc toujours relative à cette double référence. Le récit, en articulant l'action, produit donc une genèse de sens faite de synthèse de l'hétérogène, de concordance de la discordance. Il est l'indicateur/opérateur visible ou audible d'une certaine identité, relative mais spécifique. Identité qui n'est pas une unité massive achevée, mais au contraire une conjugaison singulière de pluralité, disponible à la re-conjugaison.

Ricœur définit cette identité narrative comme un *ipse,* un soi-même réfléchi, se construisant par cette réflexion même, qui, par le récit, déploie et conjugue la dialectique de reproduction d'une base identique *(idem)* à l'altération permanente des autres *(alter). Soi-même comme un autre* (1990) analyse la production de cette ipséité par conjugaison de cette double dialectique entre ce qui est appelé la mêmeté et l'ipséité, et l'ipséité et l'altérité.

Ce concept d' « identité narrative » nous semble offrir un double appui conceptuel pour reconnaître et travailler l'état civil du singulier présent historique des histoires de vie.

1 / Il offre une assise à l'essai d'émergence de la vie humaine comme construction historique d'un milieu spécifique entre-deux. Il évite de la réduire à un intrapsychique ou à un extrasocial et environnemental. Faire son histoire de vie, c'est chercher à construire narrativement

les sens de cette vie en identifiant et conjuguant ses connecteurs déterminants dans l'environnement mais aussi dans le vécu de l'organisme. C'est construire une structure vitale s'étayant sur les deux pôles toujours changeants ; un milieu unificateur, ou un tiers temps synchronisateur, selon les cadres épistémologiques de référence qui s'intéressent à la gestion des entre-deux comme justement origine partagée[1].

Cette vie ainsi historicisée narrativement est un rejeton fragile et toujours à entretenir car ses bases évoluent continuellement et ne sont donc que des pointages, des pontages relatifs. C'est suffisant souvent pour permettre aux vivants justement de faire le point. Mais ces points ne sont que les pointes d'un double iceberg, l'organisme et l'environnement, la structure psychique et la structure sociale et écologique. Ce sont plus des boussoles identifiant des points d'exploration que des cartes déjà toutes élaborées. Ces identités narratives n'épuisent donc pas la recherche de sens, elles l'ouvrent.

2 / Le deuxième intérêt se déduit du premier mais l'expliciter est nécessaire pour ébranler la prégnance d'héritages concernant les approches du sujet. Ce concept de construction narrative du sujet à partir de ses actions, donc de sa vie, ouvre une voie majeure au-delà des philosophies classiques du sujet le posant — ou le déposant — non seulement comme un solipsisme (un ipse seul avec lui-même), mais encore comme un être atemporel toujours identique à lui-même (un idem).

« Le soi de la connaissance de soi n'est pas le moi égoïste et narcissique... il est le fruit d'une vie examinée, selon le mot de Socrate dans l'*Apologie.* Or une vie examinée est, pour une large part, une vie épurée, clarifiée, par les effets cathartiques des récits tant historiques que fictifs, véhiculés par notre culture. L'ipséité est ainsi celle d'un soi instruit par les œuvres de la culture qu'il s'est appliquées à lui-même » (Ricœur, 1985, p. 356).

1. Daniel Sibony, *Entre-deux. L'origine en partage,* Paris, Seuil, 1991.

III. — Comment est-ce possible ?

Les critiques qui accompagnent la poursuite de ces objectifs ambitieux de construction d'un monde et d'un temps singulier ne se réduisent pas à celle — datée — de ce que la vie n'est pas une histoire déjà préécrite ou prédite. A l'argument que c'est justement parce qu'elle n'est pas une histoire ainsi conçue que les vivants veulent en construire une, d'autres répondent que cette construction est impossible principalement parce que le plan d'ensemble n'existe pas. La métaphore utilisée est celle du métro (Bourdieu). Sans plan d'ensemble le trajet d'un individu ne peut s'identifier exactement. Celui d'une vie non plus. Mais cette lacune rationnelle n'arrête pas pour autant son cours qui déborde en les charriant et les entraînant toute préplanification mécanique surtout des courants souterrains.

Cette situation vitale hyperfluide et hypercomplexe, où existence et essence semblent bien être reliées par une boucle générique, montre les limites des métaphores des trajets humains. Piloter et comprendre les trajets vitaux obligent à travailler à la fois la carte et le territoire. Et c'est ainsi que ces trajets se construisent conditionnés bien sûr par les « canalisations » sociales, mais aussi les configurations de terrains, les gènes biologiques, les signes et les consignes héritées à corriger.

C'est cette hypercomplexité hétérogène qui permet de construire des sens en se déplaçant, parlant et cherchant. Que des biographies ne soient pas suffisantes pour construire le plan d'ensemble n'entraîne pas que ce plan d'ensemble soit nécessaire pour entreprendre et essayer de comprendre les biographies qui se heurtent justement à cette lacune majeure en essayant, malgré tout, de s'y retrouver par prélevés de terrains rencontrés.

C'est encore à l'herméneutique de la conscience historique de Ricœur que sera emprunté le modèle de compréhension de la possibilité épistémologique de construction des histoires de vie. Ce modèle veut essayer de rendre compte du passage d'une expérience temporelle humaine éprouvée, à une conscience et existence historique par l'intermédiaire du récit. L'hypothèse que Ricœur pose comme une forme de nécessité transculturelle est

« que le temps devient temps humain dans la mesure où il est articulé sur un mode narratif et que le récit atteint sa signification plénière quand il devient une condition de l'existence temporelle »[1].

Selon le modèle de Ricœur, cet arc de construction historique se déploie en trois phases.

1 / UNE PHASE DE PRÉFIGURATION DU RÉCIT DANS L'EXPÉRIENCE TEMPORELLE VÉCUE (MIMESIS 1).

Si la vie individuelle n'est pas une histoire, elle est dans l'histoire comme corps daté. Cette vie datée est aussi enchevêtrée dans des histoires interpersonnelles et intergénérationnelles comme corps social inscrit dans la suite des générations. Cette vie est donc grosse d'histoires incorporées.

2 / UNE PHASE DE CONFIGURATION DE L'EXPÉRIENCE VÉCUE PAR LA NARRATION, LA MISE EN INTRIGUE (MIMÉSIS 2).

Même si elle suit par exemple la structure temporelle de l'expérience vécue, le retour narratif sur elle opère une réflexion à rebours qui inverse l'ordre du temps. Cette re-prise produit une configuration narrative de l'action par au moins deux moyens principaux :

— l'intégration d'événements isolés dans une histoire prise comme un tout. « Elle doit les organiser dans une totalité intelligible... la mise en intrigue est l'opération qui tire d'une simple succession une configuration » (p. 102) ;
— les conjugaisons singulières d'éléments pluriels et hétérogènes qui amènent à ce que Ricœur appelle une synthèse de l'hétérogène ou à une concordance discordante.

3 / UNE PHASE DE REFIGURATION DE L'EXPÉRIENCE PAR L'ACTE DE LECTURE (MIMÉSIS 3).

Cette phase 3 de refiguration de l'expérience par sa configuration narrative entendue ou lue marque l'intersection du monde du texte et du monde de l'auditeur ou du lecteur. Son

1. Ricœur, 1983, *op. cit.*, p. 85.

approche — complexe — oblige à compléter une théorie de l'écriture par une théorie de la lecture et de la communication. C'est donc à ces frontières, à ces horizons que l'intersection s'opère et que la configuration narrative refigure plus ou moins l'expérience déjà préfigurée avant la narration.

En final de sa longue exploration de ces trois phases il mentionne que la pratique du récit (écriture et lecture) constitue une expérience de pensée exerçant à habiter des mondes étrangers et comportant « une provocation à être et à agir autrement ». Mais cette provocation ne passe à l'acte que par une décision. « Dès lors, l'identité narrative n'équivaut à une ipséité véritable qu'en vertu de ce moment décisoire, qui fait de la responsabilité éthique le facteur suprême de l'ipséité » (1985, p. 358).

Si le récit appartient déjà au champ éthique il ne l'épuise pas. Ricœur définit ce champ comme « celui de la visée d'une vie accomplie — avec et pour les autres — dans des institutions justes »[1]. Cette visée l'inscrit dans la profondeur du désir et la fait se confronter aux normes du champ moral. « Il appartient au lecteur, redevenu agent, initiateur d'action de choisir entre les multiples propositions de justesse éthique véhiculées par la lecture. C'est à ce point que la notion d'identité narrative rencontre sa limite et doit se joindre aux composantes non narratives de la formation du sujet agissant » (1985, p. 359).

C'est donc en faisant appel aux composantes narratives mais aussi praxéologiques et éthiques de la formation temporelle du sujet agissant que Ricœur fonde la possibilité des histoires de vie qui utilisent le récit comme moyen d'articuler les temporalités pour s'y retrouver. Pour construire une histoire, le récit doit se dialectiser comme entracte et non se réifier comme en-soi.

La configuration des expériences temporelles vives qu'opère le récit est d'une autre nature que celle d'un plan d'une réalité spatiale[2]. La re-présentation de la gestion des contradictions temporelles est plus approchée par l'analogie de la mise en intrigue dramatique que par celle

1. Ricœur, *Soi-même comme un autre,* Seuil, 1990, p. 199-236.

2. Sur les conflits de mémoire, cf., entre autres, Régine Robin, Structures mémorielles, littératures et biographie, dans Godard/de Coninck (dir.), *op. cit.,* 1989, p. 245-264.

de la mise à plat cartographique. « C'est l'intrigue qui est la représentation de l'action » (Aristote cité par Ricœur, 1983, p. 59). En faisant du récit une activité narrative englobant le drame (tragédie, comédie), l'épopée, l'histoire et même la poésie, Ricœur ouvre une boîte à outils suffisamment complexe pour travailler la multiformité transversale des constructions temporelles qu'arrache, pour ceux qui veulent vivre, la nécessité de conception/gestion des temps longs d'une vie que représentent les âges.

Mais fonder ainsi la possibilité des histoires de vie sur l'exercice vital des capacités de base des sujets humains en formation permanente est-il scientifique ? Est-ce une fondation fiable ? Quel statut donne-t-elle aux histoires de vie ?

IV. — **Quel statut ?**

Même si nous prenons au sérieux le fait que les acteurs sociaux ne sont pas des idiots culturels[1], et que leurs essais de construction historique peuvent avoir du sens, reste la question de préciser lequel ?

Il est certain qu'après la triple éclipse du sujet, de l'événement et du récit, les histoires de vie héritent de la forte ambivalence du retour d'un triple refoulé. Elles se situent dans la mouvance de ces « histoires d'avenir »[2] qui échappent en partie non seulement aux historiens professionnels mais aussi aux disciplinaires.

Comme le soulignait Daniel Bertaux en 1980[3], « le pavé majeur que les histoires de vie projettent dans le champ social et scientifique, c'est l'expérience humaine ». Pavé discriminant selon que lui est accordée une valeur cognitive ou non. Car l'accueillir et le travailler — et non pas le laisser couler — c'est non

1. Insolente et admirable formule d'H. Garfinkel, cf. A. Coulon, *L'ethnométhodologie,* Paris, PUF, 1987, p. 50.
2. Guy Thuillier et Jean Tulard, *Les écoles historiques,* Paris, PUF, 1990, p. 103.
3. Bertaux, *op. cit.,* « L'approche biographique... », 1980, p. 221.

seulement prendre en compte « d'immenses gisements sociologiques d'une valeur inouïe », mais aussi reconnaître à l'homme ordinaire des capacités de conscience critique, d'initiative et d'action historique, et donc de partager avec lui les rapports de pouvoir-savoir sur la vie.

C'est un « bouleversement fondamental, une révision déchirante » dans un certain scientisme qui vide les sujets et la société d'une vie historique spécifique pour simplifier leur étude, réduite ainsi aux croisements de certaines variables lourdes (âge, emploi, revenu, origine sociale, opinions...). C'est une révolution paradigmatique, dirait Kuhn. Et elles sont longues en général, s'étalant sur plusieurs générations selon des périodes de transition où les vieux modèles se nettoient et de nouveaux apparaissent, mais souvent d'abord en pièces détachées. C'est bien dans une telle période de transition paradigmatique que semblent se situer actuellement les histoires de vie. Dès lors quelles « pièces » se détachent-elles ?

1. **Des biographèmes.** — Bertaux signalait que le domaine privilégié de l'expérience humaine est celui des médiations « de toutes ces chaînes enchevêtrées des processus méso-sociologiques qui constituent la chair du social-historique » (p. 221). Et ces médiations s'opèrent majoritairement dans des processus sociaux locaux car l'expérience humaine se situe ordinairement dans ces limites. Et il mentionnait comme tâches à une « sociologie historicisée et concrète » de capter ces savoirs préexistants locaux, mais aussi de les réinsérer dans l'ensemble global social-historique, pour mieux les comprendre mais aussi mieux élucider la dynamique de cet ensemble.

Une dizaine d'année après, deux autres sociologues[1] proposent le terme de « biographème » pour nommer la spécificité des figures temporelles projetées par les approches biographiques dans le champ d'interprétation sociologique. L'introduction de ce néologisme relatif est en soi un indicateur de reconnaissance de l'originalité épistémologique des unités constituant l'expérience

1. Frédéric de Coninck et Francis Godard, Les formes temporelles de la causalité, dans *Revue française de sociologie,* 1989, XXXI-I, p. 23-53.

humaine ainsi configurée par son expression. Cette originalité sera heuristique si l'interprétation se met autant à son épreuve qu'elle la soumet à la sienne. C'est ce qu'effectuent Frédéric de Coninck et Francis Godard en prenant en compte, dans ces figures temporelles, les complexités causales conjuguées.

Ils le font en étudiant très finement ce qu'ils appellent les formes temporelles de la causalité.

Ils en distinguent trois principales :

— le modèle archéologique « d'un point initial d'où l'essentiel découle » (p. 31) ;
— le modèle du cheminement, le plus foisonnant, avec ses quatre sous-modèles : l'évolutif, le bifurcatif, l'énergétique et le différentiel ;
— le modèle structurel avec deux cas de figures : le jeu des temporalités historiques et les formes sociales d'organisation temporelle de l'existence.

Ils terminent en proposant un quatrième vu comme cardinal et procurant le maximum d'intelligibilité car il rejoint un élément majeur des biographèmes : l'événement, vu comme croisement d'itinéraires possibles, nœuds de relations. Ce quatrième modèle, celui de l'enchâssement, résulte de la combinaison des trois autres. « Les variables archéologiques prennent sens en se trouvant partie prenante dans un processus. Et le processus lui-même prend sens en se voyant référé à une temporalité de plus vaste amplitude » (p. 49).

2. **Des énoncés performatifs.** — Mais ces énoncés singuliers ne font pas qu'apporter un nouveau plus d'informations un peu plus brutes à traiter. Ils ne sont pas seulement informatifs, il sont performatifs : ils font — ou défont — des sujets.

Les histoires de vie constituent un art puissant de gouvernement de cette vie, qui, suivant ses conditions d'exercice, peut aider, assujettir ou autonomiser. Elles sont performantes. Elles produisent quelque chose, une histoire bien sûr, mais qui ne reste pas un simple énoncé. Elles mettent en sens du vécu et si ce sens est approprié par le sujet, elles développent une compétence non seulement linguistique mais aussi communicative ou pragmatique.

Cette dernière est définie comme la capacité de construire ou d'échanger du sens à partir de, dans et avec un contexte précis. Elle marque même l'accès au statut de personne[1].

Reconnaître le statut de ce performatif dans la recherche scientifique est plus difficile que de prendre en compte l'informatif. Il interroge en effet le statut scientifique de l'interaction, de l'intervention et de la communication comme facteur de changement et de connaissance.

3. **Des sujets analytiques et/ou critiques.** — Les énoncés performatifs ne produisent pas seulement une nouvelle réalité interactive, une nouvelle sociogenèse agissante, ils produisent aussi un nouveau sujet plus apte à construire et échanger du sens qu'avant.

Par opposition au sujet empirique purement objet de recherche ou informateur, les ethnométhodologues appellent « sujet analytique » « celui qui montre comment il analyse sa vie quotidienne afin de lui donner sens et afin de pouvoir prendre ses décisions »[2].

L'importance de la réflexivité du sujet, à l'œuvre à la fois dans son expression et dans l'interaction intersubjective, plaide scientifiquement pour reconnaître à ce sujet un statut actif de chercheur, sinon cette réflexivité doublement agissante est négligée. Mais dans les histoires de vie « autonomes » ce sujet ne fait pas qu'analyser, il pondère, il interprète, juge, tranche, synthétise.

Autant pour prendre en compte ces autres opérations très importantes que pour éviter une connotation clinique, nous ajoutons l'expression de « sujet critique ». Elle correspond mieux à notre avis à l'accès des sujets à un nouveau savoir-pouvoir vivre plus lucide opéré par ces activités de décentration et d'intégration.

La recherche de sens à partir de l'existence ouvre les

1. Francis Jacques, *Différence et subjectivité,* Paris, Aubier, 1982, p. 261.
2. Coulon, *op. cit.,* 1992, p. 89-90.

perspectives souvent biaisées et très localisées de la recherche-participation, à un agir communicationnel généralisé[1]. C'est en s'appuyant sur le *linguistic turn* dégageant cette compétence communicative qu'Habermas a construit sa pragmatique universelle[2]. La prise de parole généralisée exerçant socialement la réflexion émanciperait et autonomiserait l'humanité. L'émergence laborieuse d'un sujet analytique et critique est une pièce modeste mais fondamentale de ces larges perspectives.

4. **Une auto-bio-histoire.** — La dernière pièce détachée de cette période de transition paradigmatique sera le terme d'auto-bio-histoire. Il veut principalement frayer et baliser un travail conceptuel entre des perspectives seulement personnelles appelées parfois « égo-histoire »[3] ou au contraire des emprises technico-bureaucratiques exclusives de biopouvoir.

La typologie de l'histoire à trois vitesses de F. Braudel représente un apport majeur qui sert souvent de référence[4]. Il distingue :

— l'histoire des individus et des événements à temps rapide ;
— celle des sociétés et des mentalités à temps long ;
— et enfin celle des continents, des rapports de l'homme à la nature, la géo-histoire, presque immobile.

Sa prédilection engagée pour l'histoire de longue durée a fortement contribué à détrôner et refouler l'histoire événementielle individuelle. Est-ce que les histoires de vie sont simplement le retour de celles-ci ? Le terme d'auto-bio-histoire voudrait au moins éviter ce classement rapide.

1. Cf. à ce propos l'épistémologie existentielle que développe R. Barbier depuis la *Recherche action dans l'institution éducative, op. cit.,* jusqu'à *L'approche transversale. Sensibilisation à l'écoute mytho-poétique en éducation,* thèse d'habilitation, Université de Paris VIII, 1992.

2. J. Habermas, *Théorie de l'agir communicationnel,* Paris, Fayard, 1987 (1re éd., 1981) ; t. 1 : *Rationalité de l'agir et rationalisation de la société* ; t. 2 : *Critique de la raison fonctionnaliste.*

3. P. Nora (dir.), *Essais d'Ego histoire,* Paris, Gallimard, 1987.

4. F. Braudel, *La méditerranée et le monde méditerranéen à l'époque de Philippe II,* Paris, Armand Colin, 1949.

En effet la période d'ébranlement paradigmatique actuelle affecte aussi cette typologie : la crise écologique bouscule la géo-histoire presque immobile et la fait entrer en période aiguë. Et nous avons vu que la vie individuelle semble au cœur d'une secousse sismique provoquée par le choc de son allongement et du raccourcissement de la durée de vie des modèles sociotechniques et culturels.

Les historiens vivent « une sorte d'entre-deux historiographique. Hier encore s'étalait la longue durée et le sériel... depuis dix ans, c'est l'homme avec son corps, ses peurs, ses rêves et sa mort qui passe au premier plan : voici que le sujet s'impose à l'historien »[1].

S'il y a une fin de l'histoire, c'est bien celle d'une histoire compartimentée préétablie.

« Le temps et les directions de l'histoire ont explosé, et la tâche de tous ceux qui vivent dans l'histoire est de participer à une écologie de l'histoire dans laquelle la pluralité des temps, des directions et des espaces n'est pas nécessairement réductible à un Temps, à une Direction et à un Espace fondamentaux. »[2]

L'auto-bio-histoire s'inscrit dans cette écologie de l'histoire, celle de la construction progressive, permanente des rapports sociaux et physiques fondant un habitat humain. Elle s'y inscrit en l'ouvrant à la construction de sens du cours de la vie de chaque vivant où s'expérimentent à travers un « temps à soi »[3] des liaisons vitales à des éléments et des cycles sociaux et physiques.

Et s'il faut une déesse de référence à cette auto-bio-histoire, Henri Desroche pointe pertinemment laquelle : Mnémosyne plutôt que Clio. Clio est déjà prise et Mnémosyne est la fille de Gaia (la terre) et d'Ouranos (le ciel)

1. J.-P. Rioux, L'historien et les récits de vie, dans *Revue des sciences humaines,* LXII, n° 191, 1983, p. 25-26.

2. Gianlucca Bocchi et Mauro Ceruti, De la fin de l'histoire à l'écologie de l'histoire, dans E. Morin, G. Bocchi, M. Ceruti (dir.), *Un nouveau commencement,* Paris, Seuil, 1991, p. 140.

3. Helga Nowotny, *Le temps à soi. Genèse et structuration d'un sentiment du temps,* Paris, Ed. MSH, 1992.

ainsi que la mère des neuf Muses à la suite de ses neuf nuits d'amour avec Zeus :

« A jouer Mnémosyne, on peut jouer non seulement sa fille Clio, l'histoire, mais également les sœurs de celle-ci : la poésie, la musique, la danse, le chant, la tragédie, la comédie et même les sciences fondamentales sous les auspices de l'astronomie (Uranie). »[1]

1. *Anamnèses,* n° 1, 1990, p. 9.

Chapitre VI

DE NOUVELLES FRONTIÈRES BIOCOGNITIVES[1]

L'entrée en contrebande des histoires de vie dans les différents champs disciplinaires mais aussi professionnels transgresse les règles régissant ces champs et définissant leurs frontières. Un certain nombre de personnes qui utilisent l'histoire de vie comme un outil privilégié d'autoformation existentielle la vivent de façon un peu massive comme une pratique de connaissance vitale. Ce fort investissement pratique rejoint les prises de position très mûrement réfléchies et très engagées d'intellectuels qui, depuis un siècle et à partir de prémisses souvent très différentes, ont cherché à théoriser cette approche.

I. — De nouvelles frontières biocognitives, qu'est-ce à dire ?

Tout d'abord ce n'est pas l'histoire de vie sans frontière. Sans frontière nationale ou sociale oui, car l'histoire de vie n'est pas une affaire de classe bourgeoise ou d'occidentaux en mal d'individualisme. Les chapitres précédents témoignent d'une démocratisation et d'une universalisation du genre.

1. Ce chapitre a pu être écrit grâce à la confrontation interdisciplinaire organisée par C. Léomant au Colloque international de Vaucresson du 24-25 juin 1991, *L'histoire de vie au risque de la formation, de la recherche et de la thérapie*, *op. cit.*, 1992.

Mais ce n'est pas sans frontière bio-épistémologique. Elles s'imposent au contraire de façon pressante. La vie individuelle et sociale ne peut plus être vue comme une donnée, mais comme un construit en auto-ré-organisation permanente. Et pour cette auto-ré-organisation permanente, la recherche de sens représente un moyen sinon le moyen fondamental. Que chaque acteur social puisse faire son histoire de vie semble une condition de son émergence temporelle qui l'oblige à traiter les frontières héritées, à les ouvrir à de nouvelles en s'engageant dans la construction d'un nouvel espace vital de connaissance.

La formule « histoire de vie » est donc grosse d'évocation presque démiurgique puisqu'il ne s'agit de rien d'autre que de réunir vie et sens pour une co-naissance autopoïétique. Malheureusement la réunion ne s'opère pas de façon magique. Et le désenchantement apporté par une pratique superficielle de la formule est souvent proportionnellement inverse à son enchantement. Sa pratique heuristique nécessite presque une réarticulation paradigmatique aux sources de la vie et des sciences cognitives.

Ces nouvelles frontières n'auraient osé être évoquées sans l'aide de ces explorateurs encyclopédiques — qui apprennent en cycle — comme Edgar Morin. Mais c'est un biologiste de pointe, Francesco Varela, qui avec son « point fondamental de non-séparabilité du vivant et du cognitif »[1], a vaincu les dernières appréhensions à réunir par un trait d'union ces réalités distinguées et à les poser comme nouvel horizon éclairant l'histoire de vie comme pratique autopoïétique.

« La véritable nouveauté conceptuelle de ce livre consiste à montrer comment les mécanismes de l'autonomie jettent un pont entre les dimensions cognitives du vivant, et la dimension humaine et sociale du savoir vers laquelle toute explication cognitive doit finalement aboutir. »[2]

Les nouvelles frontières biocognitives qu'ouvrent à notre avis les pratiques d'histoire de vie ne pourront être

1. Varela, *Autonomie et connaissance, op. cit.*, 1989, p. 34.
2. Varela, *op. cit.*, p. 15.

développées conceptuellement qu'à l'aide de ces auteurs dispersés se situant dans le paradigme de l'autonomisation. A chercher du côté des penseurs de la vie, soit sur son versant biologique (C. Bernard, F. Varela, H. Atlan...), soit sur son versant épistémologique : un ressourcement du côté herméneutique semble indispensable[1].

Dans ce chapitre c'est seulement le trait d'union entre bio et cognitif qui est développé. Que représente-t-il pratiquement ? Ne serait-ce pas simplement le langage par lequel quelqu'un essaie de comprendre le sens des événements vitaux en les exprimant et travaillant.

II. — **Le langage, comme trait d'union entre la vie et le cognitif**

L'histoire de vie, quelles que soient ses utilisations, est d'abord un acte de langage créant une situation sociolinguistique spécifique, une « suite » performantielle[2], qui, très schématiquement, peut se résumer ainsi (cf. schéma) :

1 / Un locuteur énonce un certain nombre de faits, d'événements le concernant. Il essaie de les articuler le plus significativement possible pour lui et pour son ou ses interlocuteurs. Il produit un énoncé.

2 / Aussi clair que soit cet énoncé, il ne sera jamais transparent : la vie ne pourra jamais se traduire complètement en mots. Il restera toujours un résidu biologique non dit. Un certain nombre de filtres (personnels, sociaux, physiques...) tamisent l'expression. L'énoncé pose donc aux locuteurs et interlocuteurs un certain nombre de questions qui appellent une seconde opération : un travail sur l'énoncé, un travail d'analyse et d'interprétation.

1. Cf. aussi Jean Jacques Rozenberg, *Biocognition de l'individualité, philosophèmes de la vie et du concept,* Paris, PUF, 1992 ; et M. Henry, *L'essence de la manifestation,* Paris, PUF, 1963, et *Phénoménologie matérielle,* Paris, PUF, 1990.

2. P. Ricœur, *op. cit.,* 1990, p. 173.

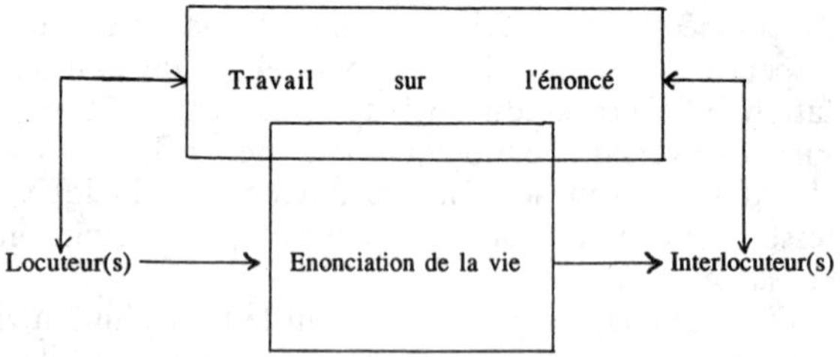

L'histoire de vie comme situation sociolinguistique

Dans cette situation sociolinguistique, les deux types d'acteurs ont des positions biocognitives quasi opposées : le locuteur est immergé dans sa vie et son principal travail est de s'en dégager suffisamment pour trouver la distance nécessaire à une vision compréhensive ; l'interlocuteur lui au départ est physiquement autre, étranger à cette vie et doit s'en approcher suffisamment pour trouver lui aussi sa distance de vue, de compréhension.

Ces positions et parcours opposés se renforcent dans les situations professionnelles d'utilisation des histoires de vie, de deux types de langages différents : le locuteur utilise le langage usuel, courant, ordinaire et l'interlocuteur (un professionnel d'un savoir particulier, des sciences de l'homme par exemple) se sert d'un langage plus formel, plus savant pour décoder l'autre.

C'est la fonction fondamentale, pour le locuteur, du premier moment de cette praxis sociolinguistique que nous voudrions rappeler et mettre en relief ici : la fonction de création d'un espace autoréférentiel par la simple expression, énonciation, narration de sa vie par soi. L'importance de cet acte si simple d'auto-expression de l'expérience vitale est souvent occultée au bénéfice du travail ultérieur réflexif de traitement de ce qui a été naïvement projeté. Or, cet acte si simple d'énonciation n'apporte pas seulement de façon brute une matière première à traiter. Il annonce un sujet, comme l'énoncent si bien les herméneutes. Par la différenciation et l'articulation linguistique d'un sujet d'avec sa vie, cet acte premier dédouble l'un et l'autre en sujets et objets d'énonciation et pose les éléments de ce qui pourra devenir ce que les auteurs nomment, suivant leur cadre de référence, un « espace de réalisation du sujet »[1] ou un « système autopoïétique »[2].

Cet acte naturel — mais souvent socialement si contenu, balisé, filtré pour ne pas dire refoulé, par les règles professionnelles et disciplinaires — d'auto-expression de sa vie libère non seulement un processus hypercomplexe de métabolisation en mots d'expériences ressenties comme vitales, mais surtout pose les fondements de construction d'un espace spécifique de métabolisation, projette les éléments d'un système autopoïétique, d'un système qui produit son unité et son identité en se distinguant de son environnement.

Cet acte d'énonciation/annonciation projette les éléments fondateurs du système et non pas le système lui-même tout constitué, car cette première projection est fragile, balbutiante, élémentaire. Elle consiste principalement par l'émergence et la prise de parole tâtonnante en première personne, d'un « je » sur un magma expérientiel temporel. La naissance de cette personne s'effectue paradoxalement par la différenciation et l'articulation dans ce magma d'un « je », d'un sujet, d'avec des objets qui sont à la fois lui et pas complètement lui, avec des mots de conjugaison.

Cette première expression projette donc au moins trois éléments d'un possible système autopoïétique : un sujet, des objets et des mots opérateurs de différenciation et de conjugaison (verbes...). Rares sont les cas où cette première projection est si achevée et articulée qu'elle puisse fonctionner comme un système autopoïétique, une mise ensemble, en sens, en forme suffisante pour opérer un

1. François Flahaut, *La parole intermédiaire,* Paris, Seuil, 1978.
2. Varela, *op. cit.,* p. 45.

couplage structurel créateur d'une nouvelle unité par détermination de nouvelles frontières.

Pour que cette mise en système s'opère de façon autopoïétique, il faut que cette première boucle étrange puisse fonctionner de façon spécifique, roder ses mécanismes émergents de fonctionnement, qui sont principalement ceux d'autoréflexion des éléments qui émergent.

La constitution de ce système autopoïétique est à notre avis l'enjeu du second grand moment — réflexion sur l'énoncé — de la suite performantielle évoquée par Ricœur[1]. Mais dès ce premier moment d'expression un premier trait d'union entre vie et cognition a émergé, ouvrant de nouvelles frontières biocognitives.

III. — **Un trait d'union très relatif**

L'ouverture biocognitive apportée par ce premier trait d'union de l'expression, est relative. Elle découvre un espace de savoirs d'usage, de savoirs pratiques peu autonomisés cognitivement, très reliés aux vécus, incorporés à eux. On parle justement de « savoir-faire », de « savoir-vivre » avec des « traits d'union » gros d'implicite, d'insu. C'est une connaissance encore peu échangeable, peu formalisée, en friche qui tente de s'exprimer. Nous pouvons parler aussi à ce propos d'un « savoir-insu »[2]. Pour caractériser la nature biocognitive de ce nouvel espace ouvert les théoriciens des histoires de vie utilisent deux analogies : celle d'une mise à ciel ouvert où doivent se séparer gangue et minerai par des traitements parfois complexes et draconiens[3], et celle d'un capital de connaissances concrètes qui dort tant qu'une conduite d'investissement

1. Ricœur, *Soi-même comme un autre,* Paris, Seuil, 1990.
2. Cf. Le Grand, Le savoir-insu des auteurs-acteurs, dans *Le Groupe familial,* n° 126, 1990, p. 80-87.
3. Cf. Bertaux, 1980, *op. cit.*

ne le fait pas fructifier et n'en tire pas une plus-value sociale[1].

Dans les deux cas se pose la question sociale, professionnelle et disciplinaire, du « par qui et pour qui s'effectue ce travail sur l'énoncé ? ». Des réponses pratiques dépend la constitution ou non du système autopoïétique.

Or pour la construction de ce système autoproducteur de sens, c'est-à-dire le passage au pilotage de la seconde opération d'exploration du nouvel espace biocognitif découvert, les locuteurs-énonciateurs occupent par rapport aux interlocuteurs-décodeurs une position beaucoup moins favorable que pour la première. Pour cette opération de traitement même de leur vie, socialement ils sont des amateurs alors que les autres sont des professionnels. Devenir auteur de sa vie, devenir système autopoïétique représente une émancipation biocognitive qui doit composer avec les places, les ressources et les intérêts des interlocuteurs en présence.

IV. — **Trois modèles d'exploration**

Reconnaître dans les histoires de vie l'ouverture d'un espace heuristique transfrontière est bon gré mal gré généralement admis actuellement dans les sciences humaines. Aussi, métaphoriquement, assiste-t-on, non à une ruée vers l'or, mais à un fort mouvement social pour la mise en valeur de ce minerai, de ce nouveau capital entrevu. Les histoires de vie font entrer sur le marché une multitude de petits porteurs. Le capital est donc émietté et, à l'ampleur de cet événement, il faut trouver de nouveaux modes d'investissements, au double sens de prendre en compte et de mettre en valeur.

Des essais multiples se font, suivant les anciennes lois réglant les rapports d'échanges ou les transgressant plus ou moins pour en inventer de nouvelles. Cette mise en

1. Cf. Sève, 1968, *op. cit.*

valeur de ce capital privé émietté va-t-elle se faire par les agents de change et les places boursières habituelles ou va-t-on assister à une démocratisation de la production de la plus-value sociale des savoirs personnels implicites ? De ces différents essais, trois modèles de stratégies de mise en valeur sociale des savoirs implicites contenus dans les histoires de vie, peuvent être isolés, toujours schématiquement.

De ces trois modèles stratégiques, deux gardent globalement, bien qu'à l'opposé, les rapports d'échange classiques : le modèle biographique où l'agent de change principal, sinon exclusif, reste le professionnel du savoir ; le modèle autobiographique où à l'extrême le petit porteur ne veut rien savoir des agents de change habituels et veut tirer seul sa plus-value. Le troisième modèle, surtout émergent en formation d'adulte, veut changer les termes de l'échange en associant les différents acteurs à la mise en valeur. Il peut être appelé dialectique, dialogique ou de coformation.

Ces modèles sont caractérisés par l'identité de l'acteur social qui effectue principalement la seconde opération majeure de l'histoire de vie : le travail d'analyse et d'interprétation de la vie énoncée.

1. **Le modèle biographique ou d'investissement de la vie par un autre.** — Dans ce modèle, le travail d'analyse, d'interprétation et de synthèse sur la vie énoncée est le fait quasi exclusif d'un autre que celui qui a raconté cette vie. Cet autre peut être un chercheur, sociologue, anthropologue, psychologue, intervenant social, littéraire, romancier, journaliste.

En sciences humaines et en intervention sociale, ce modèle est dominant car il s'appuie sur une tradition épistémologique qui a généré toute une méthodologie d'explicitation du sens : ce dernier, qui doit être objectif, ne peut être trouvé ou construit qu'au prix d'une distanciation drastique du sujet, une séparation, une rupture avec lui.

« Pour le sociologue le sens des actions des membres n'est accessible qu'au sociologue professionnel. Lui seul, comme le psychanalyste avec son client, est capable d'élucider le secret social des conduites humaines. »[1]

Dans ce modèle, ne pas impliquer le sujet énonciateur dans le traitement de la vie énoncée est donc un point majeur de méthode qui l'évacue de l'opération de mise en valeur sociale de sa vie. Encore doit-il s'estimer heureux de la prise en compte de sa vie par les professionnels du savoir. C'est déjà beaucoup de leur part — nous l'avons vu — que de penser qu'il n'est pas un idiot culturel mais porteur d'un savoir implicite. Mais, une fois cette prise en compte effectuée avec la participation plus ou moins volontaire du sujet — il le faut bien pour avoir l'information —, il doit être écarté de la mise en valeur sociale. Cette opération est trop complexe pour des amateurs, il faut des professionnels.

2. **Le modèle autobiographique ou d'auto-investissement.** — En opposition au modèle disciplinaire précédent, qui à la limite désapproprie le sujet de sa vie et de la plus-value socioculturelle qu'il pourrait en tirer en l'investissant, a toujours existé et existe encore le modèle autobiographique ou d'auto-investissement. Dans celui-ci, le sujet veut exercer seul les deux opérations de l'histoire de vie : énonciation et travail sur l'énoncé. Sa vie est son affaire exclusive, lui seul est capable d'en expliciter les sens cachés et de les mettre en valeur. Les autres n'ont rien à voir, rien à dire, rien à refléter. Il refuse la participation de tout interlocuteur dans le traitement. L'interlocuteur est nié comme tel et l'autre est réduit à un rôle d'auditeur ou de lecteur qui doit se montrer bon public.

Hormis l'éventuelle valeur littéraire de l'écriture ou du témoignage la plus-value socioculturelle apportée n'est

1. Alain Coulon, *L'ethnométhodologie,* Paris, PUF, 1987, p. 50.

pas évidente. Elle est peut-être seulement de l'ordre d'une expression faisant baisser la pression intérieure et évitant aussi dépression ou répression. Mais il lui manque la confrontation à l'autre, l'interlocution qui seule peut lui donner une valeur sociale, d'échange.

3. **Le modèle dialogique, de coinvestissement.** — Depuis une dizaine d'années se développe, principalement dans le champ de la formation d'adultes, un troisième modèle qui essaie de sortir de ces rapports d'échange disciplinaires et antidisciplinaires. Son option épistémologique est que l'explicitation du savoir implicite est une œuvre conjointe, nécessitant un coinvestissement des acteurs impliqués dans les deux opérations d'énonciation et de travail sur l'énoncé. Le sens n'est pas réductible à la conscience qu'en ont les acteurs. Mais pas plus qu'à l'analyse des chercheurs.

Chacun de par sa position en possède une partie. Par les rapprochements sociaux et la dynamique relationnelle qui la supporte, les histoires de vie représentent, parmi les autres approches sociales et scientifiques, une situation heuristique exceptionnelle de communication et de confrontation entre ces différents porteurs de sens, courants et savants, à condition de laisser jouer les rapports d'échange selon leur dynamique intrinsèque et non selon les règles empruntées.

V. — Vers de nouveaux rapports d'échange

Est-ce que de ce jeu de libre-échange vers un *New-Deal* se dégagent déjà quelques configurations méthodologiques, sinon quelques nouvelles règles ? La dynamique que semble générer les histoires de vie et que vise à prolonger le modèle dialectique de coinvestissement est d'assurer une liaison forte entre les deux opérations d'énonciation et d'interprétation de l'énoncé en essayant de faire déplacer le locuteur et l'interlocuteur de l'une à l'autre selon l'axe méthodologique implication pratique/distanciation théorique.

Au point de départ, nous l'avons vu, leur position est opposée : le locuteur est immergé dans sa vie, l'interlocuteur ne l'est pas et est vu comme l'autre extérieur ouvrant un espace d'expression et de compréhension. Espace qu'occupe unilatéralement l'interlocuteur ou le locuteur dans les modèles biographiques ou autobiographiques en refoulant et remplaçant, à la limite, l'autre. Dans le modèle dialectique, l'espace est occupé par un déplacement réciproque qui cherche le point de vision optimum permettant au locuteur de se distancier de sa vie en s'approchant des systèmes de compréhension et à l'interlocuteur de s'approcher suffisamment de cette vie en sortant de ses systèmes conceptuels. Le déplacement à opérer par l'un et l'autre est donc inverse : pour le locuteur, c'est une distanciation théorique ; pour l'interlocuteur, c'est une implication pratique. Et chacun est, pour l'autre, le moyen principal de ce déplacement à la condition de tenir sa place, de ne pas vouloir remplacer l'autre et d'accepter la confrontation sans tomber dans la confusion.

Cette dialectique relationnelle est donc le lieu et le moyen d'un processus quasi bio-épistémologique où une partie de vie trouve son concept et où les concepts trouvent vie. Cette dialectique fait vivre et comprendre le double sens, propre et figuré mais aussi social et personnel, de la co-naissance. La connaissance n'est pas un simple produit intellectuel, c'est la production d'un nouveau rapport à soi et aux autres qui accouche une unité nouvelle.

Mais cette production est ardue. Ces trouvailles bio-épistémologiques ne se font pas logiquement ni de façon linéaire, mais selon une double dialectique : énonciation/énoncé et analyse/synthèse.

1. **Dialectique énonciation/énoncé.** — Dans le modèle biographique, l'énonciation de la vie est seconde par rapport au travail sur l'énoncé ; dans le modèle autobiogra-

phique, c'est l'inverse : l'énonciation prend tout l'espace avec difficulté de retour sur l'énoncé. Le modèle dialectique non seulement accorde autant d'importance aux deux, mais vise aussi à les interrelier car la compréhension de l'un suppose la prise en compte de l'autre et inversement : l'énonciation révèle les déterminants subjectifs et non linguistiques de l'énoncé, et l'énoncé objective les découpes et les rapports symboliques à l'œuvre dès l'énonciation. Ces interrelations sont travaillées de deux façons : par un va-et-vient entre énonciation et travail sur l'énoncé — un premier travail sur une tranche d'énoncé de vie permet de préciser les modes les plus pertinents d'énonciation ultérieure — ou par une implication maximum du locuteur et de l'interlocuteur à ces deux opérations, ce qui veut dire principalement présence active de l'interlocuteur à l'énonciation et du locuteur au travail de l'énoncé.

2. **Dialectique analyse/synthèse.** — La seconde dialectique épistémologique peut être qualifiée de double mouvement de limitation et de complétude[1], de déstructuration/restructuration[2] ou plus traditionnellement d'analyse-synthèse[3]. La contradiction du tout et de la partie travaille tout essai de compréhension discursive de toute réalité. Mais elle est plus dure à travailler quand il s'agit de comprendre une vie et en plus sa vie. Essayer de comprendre sa vie, c'est d'abord accepter de se découper en catégories limitées et ensuite de les projeter hors de soi. C'est une véritable déconstruction qui fait éclater l'unité syncrétique initiale en pièces détachées. Le second mouvement tout aussi difficile est la reconstruction, la remise en place des morceaux, la synthèse de l'analyse. La production autobiographique poursuit cette visée synthétique, ce mouvement de complétude. C'est peut-être ce qui la

1. Flahaut, *op. cit.*, p. 162.
2. Ferrarotti, *op. cit.*, 1983, p. 50.
3. Pineau, *op. cit.*, 1983, p. 232.

caractérise le plus des autres recherches analytiques sur soi ou sur une partie de soi. Ces multiples déplacements qui assurent le fonctionnement dialectique de ce système sociolinguistique aboutissent à la création d'un espace charnière médiateur.

3. **Un espace charnière médiateur.** — Un espace est constitué de la mise en rapport de plusieurs éléments, ce qui est le cas de la production autobiographique. Cette dernière ne peut être réduite à un texte, un énoncé, car ce texte ne vaut que par les nouveaux rapports qu'il établit entre son auteur et la vie de celui-ci, entre son auteur et les autres. Aussi, si le texte est l'élément le plus visible, il ne doit pas voiler le nouvel espace qu'il crée par les nouvelles mises en place et les nouveaux rapports qu'il opère. Il est l'élément médiateur de nouveaux rapports entre le sujet et sa vie, entre le sujet et les autres, le compromis entre soi et le langage, soi et les autres. Compromis supportant un espace de connaissance mais aussi de reconnaissance sociale. Autant par cette reconnaissance sociale que par cette connaissance reconnue, cet espace permet au sujet de se réaliser, de devenir réel, comme le suggère Flahaut.

Dans le champ des médiations qui structurent les rapports entre individu et société, cet espace constitue un espace « charnière »

> « où s'affrontent plus directement la pratique singularisante de l'homme et l'effort universalisant d'un système social »[1].

Dans cet espace charnière, repassent en se condensant une série de médiations antérieures particulièrement chargées et qui ont besoin d'être représentées, revécues pour être comparées, connues et reconnues. Cet espace offre donc un lieu privilégié pour identifier et étudier les médiations principales par lesquelles un individu se socialise et une société s'invidualise, se vit concrètement.

1. Ferrarotti, *op. cit.,* 1983, p. 62.

VI. — Conclusion

L'histoire de vie est une praxis sociolinguistique particulière qui représente la pointe des médiations concrètes ayant produit l'individu qui fait son histoire, c'est-à-dire qui cherche à articuler narrativement les différents mouvements qui le font et défont. Par l'énonciation de ces médiations, elle amène donc à ciel ouvert une mine de savoirs implicites, de savoirs pratiques, concrets, expérientiels très liés aux usages qui les ont générés.

Si l'on poursuit la métaphore boursière, cette liaison particulière a longtemps exclu ces savoirs des cours scientifiques publics pour qui il n'y avait de science que du général. La baisse sinon la crise de ces cours publics qui ne réussissent plus à couvrir le marché de la production des savoirs fait se tourner vers le privé les petits porteurs d'argent frais, vivants. Leur investissement paraît un enjeu rentable et ont été envisagées trois stratégies correspondantes : biographique, autobiographique, dialogique.

Faire son histoire de vie n'est donc pas une pratique privée narcissique insignifiante. C'est essayer de tirer une plus-value sociale de sa vie. C'est donc une pratique à gros enjeux publics qui fait partie des mouvements de réorganisation sociale des circuits de production et de diffusion des savoirs.

Chapitre VII

FAIRE

L'approche des histoires de vie est à la fois un axe de réflexion épistémologique et méthodologique ainsi qu'un mouvement de pratiques sociales.

Dans le premier chapitre nous avons vu que ces pratiques sont multiformes et vont du quotidien aux recherches en sciences sociales en passant par les démarches de formation. Dans le précédent nous avons envisagé divers modèles de l'histoire de vie comme situations sociolinguistiques au regard desquels chaque praticien a à se déterminer. Dans le présent chapitre nous nous proposons d'envisager ce qu'il en est de la pratique[1], du « faire ». Quelles sont les différentes étapes ? Quelles réflexions précèdent à une mise en œuvre de cette approche ? Nous tenterons d'esquisser une démarche idéale-typique. Les présentes réflexions concernent les mises en œuvre systématiques qui relèvent soit des recherches en sciences humaines, soit des situations de formation, soit encore de l'articulation des deux, c'est-à-dire celles qui veulent faire de l'histoire de vie une praxis explicitée comme telle[2].

1. Cf. également Clapier-Valladon *et al., op. cit.*

2. Sur l'utilisation en formation et la perspective théorique de la recherche/formation tentant une articulation dialectique voir en particulier Pierre Dominicé, *L'histoire de vie comme processus de formation,* Paris, L'Harmattan, 1990, et Christine Josso, *Cheminer vers soi,* Lausanne, L'Age d'homme, 1991.

I. — Un rapport théorie/pratique

A travers l'idée de praxis il s'agit d'opérer une jonction dialectique entre le registre de la réflexion théorique et celui des champs de pratiques. Les concepts travaillés dans un registre intellectuel sont comme autant d'outils qui servent à penser des réalités sociales et humaines dans leur complexité ; inversement, ces réalités interrogent les architectures conceptuelles, viennent les complexifier, les modifier, voire les démonter ou les détruire le cas échéant. Tel est le jeu du rapport contradictoriel entre théories et pratiques. Du côté de la recherche il est vital que les théories soient interrogées par des réalités sociales et personnelles, par des mouvements de la société qui sont à l'œuvre à travers des acteurs sociaux.

Dans une perspective plus existentielle combien de personnes, pour elles-mêmes mais également dans l'exercice de leur métier d'enseignants, de formateurs, ne poursuivent-elles pas ce but d'opérer ce rapprochement, de faire en sorte que s'instaure un dialogue entre ces deux sphères dans un but de conscientisation ? A notre sens la praxis de l'histoire de vie en formation se caractérise par l'option en faveur d'une conception du lien social qui met au centre la valeur de respect de la personne susceptible d'orienter sa vie à partir de la prise en compte des déterminants de sa propre histoire (personnelle, sociale, située historiquement, datée) et leur transformation en projet existentiel socialement inscrit. Plutôt qu'un enfermement sur une expérience passée, aussi riche soit-elle, il s'agit de situer le récit dans une articulation entre passé, présent et avenir. La perspective du projet de vie et de l'action est ici fondamentale.

II. — Une construction

Une histoire de vie ne saurait être une histoire ayant un statut d'objectivité, ni d'immédiateté par rapport à un passé. C'est généralement une production construite (et non pas reconstruite), une construction à plusieurs étages :

— le regard d'un présent sur un passé, une mémoire qui produit du sens ;
— ceci dans une interaction sociale datée entre une personne qui raconte, le narrateur du récit mettant en scène une mémoire et un interlocuteur, le narrataire, situé institutionnellement et placé dans une situation d'écoute, « représentation » placée sous le signe d'une certaine confiance, d'une connivence ;
— il s'ensuit un travail d'adaptation, de mise en forme par le passage d'une production orale à une production écrite (ou d'images) ;
— en fonction d'une destination préétablie et institutionnalisée qui donne lieu à des suites.

Nous avons détaché ici des opérations préliminaires (d'institutionnalisation, de démarrage et d'amarrage), des opérations constitutives (énonciation orale écrite et travail sur l'énoncé) et des suites.

III. — Des opérations préliminaires

1. **De l'institutionnalisation.** — La mise en œuvre d'une démarche d'histoire de vie est une forme d'institutionnalisation et, à la suite de W. I. Thomas, on peut parler d'une « définition de la situation »[1] où il y a toujours un plus ou moins décalage entre les intérêts individuels et la mission institutionnelle.

La question institutionnelle est importante car elle surdétermine toute pratique de recherche et de formation, les conditions et les objectifs de l'usage éventuel de l'histoire de vie. Toutes les situations sociolinguistiques, depuis les

1. W. I. Thomas, Définir la situation (1923), dans Y. Grafmeyer et I. Joseph, *L'Ecole de Chicago,* Paris, Aubier, 1979, p. 79-82.

premiers contacts jusqu'aux opérations de suivi, en passant par le type d'interaction, sont conditionnées directement par cette composante[1]. Dans une orientation de recherche s'agit-il de sociologie et si oui dépendant de quel type d'organisation (université, labo- ratoire...) avec quelle tradition méthodologique, quelle théorie du sujet implicite ou explicite ? Dans un registre de formation s'agit-il d'un organisme d'aide à l'orientation, de recherche d'emploi ou encore une mission de formation permanente ?

Même les options épistémologiques prises doivent être précisément lues en regard des appartenances institutionnelles. Mais ces appartenances méritent d'être lues non avec une logique de simple reproduction, mais dans la dialectique instituant/institué[2] qui traverse toute institution.

2. **De l'occurrence du projet.** — L'histoire de vie a indéniablement quelque chose d'apparemment séduisant tant méthodologiquement qu'existentiellement. La question « Voulez-vous raconter votre vie ? » peut présenter l'espoir prometteur d'une richesse immédiate et d'une profusion de densité existentielle à travers la simplicité d'un dispositif. En fait il faut mettre en garde devant cette apparente immédiateté de l'opération.

Avant de se lancer dans une histoire de vie, il convient de se demander si cette démarche est réellement occurrente par rapport à un projet de connaissance ou de formation. Cela revient à se demander si la démarche « histoire de vie », au sens large, est vraiment indiquée dans le cas considéré.

L'expression « histoire de vie » recouvre une multitude

1. Cf. M.-F. Chanfrault-Duchet, Le système interactionnel du récit de vie, dans *Sociétés,* n° 18, 1988, p. 26-31. Et Préambules et contrats, dans Jobert/Pineau, t. 2, *op. cit.,* 1989, p. 117-132.

2. Cf. les travaux du courant de l'Analyse institutionnelle (R. Lourau, G. Lapassade, R. Hess, A. Savoye...). R. Hess, A. Savoye, *L'Analyse institutionnelle,* Paris, PUF, collection « Que sais-je ? » 1993.

de pratiques effectives qui ont parfois peu de points communs les unes avec les autres, hormis une demande : celle de raconter peu ou beaucoup de la vie d'une personne. Dans ce « peu » et ce « beaucoup » de cette donnée informelle appelée « vie » on ne saurait établir ni encore moins fonder une recherche en sciences humaines.

Quoi de commun, par exemple, entre l'historien qui part à la récolte d'informations sur le métier de forgeron dans les années 30, le sociologue qui veut saisir l'histoire de vie d'une personne pour décrypter un système de valeurs contemporain et le formateur qui utilise l'histoire de vie en vue d'effectuer un bilan professionnel dans la visée d'une reconversion ?

Par définition, une recherche est avant tout orientée par ce qui est cherché et ceci détermine des procédures de recherche. L'approche des histoires de vie n'est donc pas une approche en dehors d'un projet, d'une stratégie de connaissance, d'un programme de recherche, d'une problématique. De plus elle ne peut que s'articuler à d'autres modes de réflexion/recherche.

Si l'on veut par exemple obtenir des informations sur des faits précis dans un but historique, avant d'aller interroger divers protagonistes il convient, évidemment lorsque c'est possible, d'effectuer un travail d'archives, c'est-à-dire de consulter des sources écrites en fonction du but recherché : l'approche biographique est de ce point de vue très peu « économique » et ses résultats, plus ou moins fiables, nécessitent un travail de critique des sources concernant la validité des informations fournies. Autrement dit, dans un souci de travail historique, il convient de croiser différents témoignages non seulement entre eux, mais également à des documents écrits, lettres, documents administratifs... qui sont des documents d'époque.

Bien que les deux termes soient souvent synonymes il est épistémologiquement indispensable de distinguer « histoire » et « passé ». Le passé est une donnée, un matériau magmatique et largement opaque ; l'histoire est une connaissance de celui-ci.

3. **Du type.** — Dans l'usage des histoires de vie dans les sciences humaines, divers cas de figures et degrés se pré-

sentent au-delà des disciplines. Il est préférable de les repérer dans une typologie[1] :

— *La notice biographique* est proche de l'enquête par questionnaire. Ex. l'utilisation statistique dans une enquête sur des grands nombres. On la retrouve également dans divers usages quasi administratifs, constitution de dossiers, de cas...

— *Le récit de pratiques :* ce qui intéresse le chercheur, c'est un tronçon du vécu d'un certain nombre de personnes correspondant à une pratique sociale. Ex. Comment devient-on boulanger ?

— *L'entretien biographique :* sollicite de larges éléments biographiques portant sur diverses phases d'un vécu ; le narrateur raconte sa vie et le chercheur opère une lecture de celle-ci en réorganisant les informations fournies.

— *L'histoire de vie sociale approfondie :* le récit est inscrit dans une série d'entretiens et le narrataire n'est pas seulement un auditeur attentif, il établit une relation profonde avec le narrateur qui devient un partenaire analytique et critique dans les différentes phases successives du travail, y compris l'écriture finale et la signature du texte.

— *L'autobiographie :* au sens strict il s'agit de l'écriture d'une partie ou de la totalité de la biographie par la personne elle-même (trop souvent bien des auteurs parlent d'autobiographie alors qu'il n'y a qu'un récit de vie oral). La destination potentielle est ici tout à fait prédominante.

— *L'histoire de vie de groupe*[2] *:* il s'agit ici de tracer des biographies croisées de personnes ayant vécu des situations communes. Ces personnes sont associées peu ou beaucoup aux différentes étapes de la recherche ou de la recherche-formation.

— *L'histoire de vie en groupe :* il s'agit ici dans la plupart du temps d'un groupe de formation où les différentes personnes effectuent leur récit de vie en présence des autres en position d'écoutant, récit qui donne lieu à un écrit individuel ou collectif.

4. **Du démarrage : la mise en relation.** — Toute démarche d'histoire de vie est le fruit d'une rencontre et

1. Inspirée en partie de M. Catani, De l'enseignement centré sur l'écoute à l'approche biographique orale, dans *Education permanente,* n° 72-73, 1984, p. 97-119.

2. Cf. Jean-Louis Le Grand, *Etude d'une expérience communautaire à orientation thérapeutique. Histoire de vie de groupe, Perspectives sociologiques,* thèse de doctorat d'Etat, Université de Paris VIII, 1987.

d'une mise en relation où chacun des interlocuteurs arrive avec ses questions. Le narrataire : pourquoi interroger ? Le narrateur : pourquoi répondre ? Dans les notices ou les entretiens biographiques, le recueil des données correspond à une étape où le chercheur est principalement perçu dans son seul rôle professionnel, ceci d'autant plus que l'écart social entre les deux sera important et les réponses fonction directement de cet attribut social réel ou supposé. Dans une histoire de vie sociale où il ne s'agit plus seulement d'être impliqué mais de s'impliquer, la mise en relation suppose l'établissement d'une relation dense et personnelle à part entière qui dépasse le jeu traditionnel des rôles sociaux enquêteur-enquêté.

Comme le signale M. Catani : « Susciter une histoire de vie est d'abord une affaire de relation »[1], et il ajoute à propos du travail de coconstruction avec Tante Suzanne : « L'histoire de vie sociale est le résultat d'une double séduction, et elle est d'abord une histoire d'amour... Il s'agit de l'aboutissement et de la résolution d'une confrontation entre deux personnes qui se plaisent l'une à l'autre, qui se font réciproquement confiance et qui parviennent l'une et l'autre à intégrer la présence affective du vis-à-vis dans leur vie quotidienne. »[2]

Dans un processus de formation en groupe cette phase exploratoire de prise de connaissance, de discussion sur les implications en présence est fondamentale car elle permet d'aboutir le cas échéant à un contrat et à l'inverse de se retirer pour ceux qui ne souhaitent pas s'engager dans cette démarche.

5. **De l'amarrage : l'élaboration d'un contrat.** — Qu'on le veuille ou non, de manière plus ou moins explicite ou implicite, toute démarche de formation ou de recherche

1. Titre de la communication au Congrès mondial de Sociologie, Uppsala, 1978.
2. L'histoire de vie de Tante Suzanne est un échange social ritualisé, dans *Revue de l'Institut de sociologie,* 55, 1-2, Bruxelles, 1982, p. 63-72, « Individualisme et autobiographie en Occident ».

fait l'objet d'une sorte de contrat quant à la mise en route d'une démarche d'histoire de vie. Par exemple, dans les groupes de formation tels que nous les entendons, cette démarche d'élaboration collective d'un contrat sous sa forme écrite nous semble un préalable déontologiquement indispensable avant toute mise en œuvre, et cette étape préliminaire n'est pas qu'une simple clause amenée comme telle. La discussion/construction collective au sujet d'une tentative d'élucidation des différentes implications est un moment formateur au même titre que le récit de vie.

Dans le domaine qui se généralise de l'usage des histoires de vie en formation permanente (pratiques de bilan, de construction de projets, d'écriture de CV) de « bonnes intentions » initiales quant à ce type d'usage peuvent vite se transformer en des conditions d'aliénation. Imaginons un instant le croisement entre une logique institutionnelle qui ferait que le passage par un groupe, notamment d'histoire de vie, soit par exemple une des conditions pour obtenir une allocation, l'accès à un stage ou un diplôme. Différentes logiques peuvent se télescoper et aboutir totalement à l'inverse du résultat recherché[1].

La question de la liberté d'engagement dans un tel processus en connaissance de cause doit être impérativement respectée.

De même la confusion des objectifs entre ceux de la formation et ceux assimilés à une démarche de développement personnel ou ceux qui relèvent d'une intention thérapeutique. Bien qu'il soit impossible dans le développement d'une personne de séparer par une frontière étanche ce qui relève de ces différents registres

1. Au contraire de l'expression « effet pervers » connotée par la psychopathologie, cela nous semble être une des manifestations du « paradoxe des conséquences » cher à Max Weber (*Le savant et le politique*, Paris, Plon, 1959, p. 180-181 : 1re éd., 1919) qui entre dans le paradigme de la complexité quant aux interrogations éthiques essentielles du rapport intentions/résultats.

il est essentiel que, d'un point de vue institutionnel, ces deux objectifs soient le plus clairement possible distingués.

C'est en ce sens que le principe d'un contrat discuté collectivement et écrit semble indispensable notamment dans les précisions sur les positionnements institutionnels en termes de pouvoir : qui, de quelle institution, demande quoi à qui et pour quel résultat, lequel résultat appartient à qui ?

IV. — **Des opérations constitutives**

Bien que leur distinction ne soit pas toujours tranchée et que leur ordre ne soit pas toujours ni fixe ni linéaire mais parfois circulaire, nous avons repéré trois opérations « simples ». Deux énonciations : orale et écrite, et le travail sur ces énoncés.

1. **Enonciation orale.** — Dans la majorité des cas l'histoire de vie se présente tout d'abord sous la forme d'une parole et il convient de s'interroger sur le statut de cette parole. Généralement, dans les sciences humaines il s'agit d'un entretien entre deux personnes aux statuts différents et à lire nombre de récits de vie écrits de manière vivante on a souvent l'impression que le narrataire disparaît complètement derrière le personnage qui raconte sa vie, or, comme le remarque à juste titre M. Catani, le narrataire est le premier auteur de la recherche, c'est bien lui qui formule une demande, définit les objectifs qu'il poursuit, précise le cadre institutionnel, le devenir éventuel de cette histoire (écrit, publication, images).

Pour une réflexion d'ordre méthodologique et épistémologique il convient de prêter la plus grande attention à ce qui se joue dans cette relation dense où chacun des deux acteurs est très fortement impliqué. Aussi peut-on parler d' « implexité »[1] ou complexité des implications

1. Cf. Le Grand, Implications et scientificités. Introduction à une heuristique implicationnelle, *op. cit.*, 1987, p. 132-181.

enchevêtrées, où tant les dimensions institutionnelles qu'affectives ou culturelles interviennent. Le paradigme courant de l'observation est ici caduc, chacun observe, définit, agit et analyse la situation, c'est en ce sens une coconstruction, même s'il n'y a pas stricte parité entre les deux partenaires[1]. Cette énonciation orale est importante pas seulement dans l'énonciation d'un contenu mais dans la forme de celle-ci, sa structure ; elle représente une totalité signifiante. L'histoire de vie est avant tout une articulation narrative de faits temporels.

Il n'y a pas de parole sans écoute, aussi le cadre institutionnel et la qualité humaine de l'écoute sont tout à fait fondamentaux, que ce soit dans un groupe ou dans une relation interindividuelle. Plus le déroulement de l'histoire de vie est envisagé comme une création où le narrateur construit son récit de manière improvisée, lui donne une forme personnelle, plus le rituel se doit d'être clairement défini. En effet, ce déroulement d'un fil existentiel dense peut être vécu comme particulièrement déroutant chez l'écoutant et suscite également chez lui une émotion particulièrement intense et un fort besoin d'en parler. Une écoute compréhensive n'est nullement une donnée évidente et en termes de conduite de l'entretien ou de réunion il y a un cadre approprié à trouver pour favoriser l'expression d'un certain type de parole. En effet, une apparente autogestion de la circulation de la parole peut présenter ici un caractère profondément insécurisant.

2. **Enonciation écrite.** — Le passage à l'écrit est une quasi nécessité dans le cas des histoires de vie, ce média reste encore une des formes les plus courantes de transmission. Tout comme l'apparition du magnétophone a

1. Notons que le « co » de la coproduction est à l'opposé d'un collectif indifférencié de même que l' « auto » et la visée d'autonomie impliquent obligatoirement une analyse des conditions sociales et institutionnelles de production.

permis l'archivage d'une mémoire orale et sa transcription, la mise en image vidéo renouvelle les possibilités de médiatisation, mais là encore toute opération visant à fabriquer un produit transmissible oblige à un important travail de montage qui est souvent, par analogie, nommée « une écriture audiovisuelle ».

L'écrit a l'avantage de fixer ce qui autrement est évanescent, c'est une trace. En ce sens, il a un effet structurant. Le passage à l'écrit, par son rythme, par sa fonction de trace qui peut être conservée et communiquée rapidement, permet à une autre situation d'énonciation d'émerger. Dans une perspective de recherche cet écrit ne saurait s'effectuer comme simple « retranscription » d'entretien. Ici des choix s'opèrent entre se tenir au plus prêt de l'énoncé oral (avec notamment les hésitations, les questions, les répétitions...) et travailler le texte pour le rendre le plus fluide possible. Un auteur comme O. Lewis[1] opère une véritable mise en texte en établissant une esthétique de l'écriture la plus proche possible du langage des personnes concernées comme si c'étaient celles-ci qui écrivaient. Dans ce type d'écriture anthropologique il y a un indéniable travail du texte pour « faire vrai », travail qui n'enlève pas mais met en relief la valeur documentaire.

En ce sens il n'existe pas de « description objective » mais une construction qui, comme toute opération en sciences humaines, mérite d'être explicitée et critiquée. Lorsque le décalage en termes de classe sociale et de culture est important, ce qui est la plupart du temps le cas, il s'ensuit une réflexion déontologique et méthodologique quant à la propriété intellectuelle du produit écrit de cette interaction coproductrice[2].

1. *Les enfants de Sanchez, op. cit.*

2. Le livre Don Talayesva, *Soleil hopi, Autobiographie d'un Indien Hopi,* Paris, Plon, 1959, paraît pour sa 1re édition au nom de l'anthropologue Léo Simmons qui a suscité, payé et réécrit cette autobiographie (Yale University Press, 1942).

3. **Travail sur les énoncés.** — Une fois l'histoire de vie effectuée dans un groupe de formation, une fois un texte autobiographique mis en circulation, qui effectue les opérations d'analyse de ces récits ? A notre avis il s'agit de rompre avec le monopole de l'analyse par l'animateur (monopole où le risque d'interprétation sauvage et de trop grande violence symbolique est trop présent) et l'univocité du registre d'analyse. Personne n'a le rôle exclusif d'expert quant à l'analyse du récit. Il n'y a pas de grille toute faite d'analyse et le plus souvent l'animateur s'implique personnellement en faisant également son récit de vie. La dimension du groupe, sa capacité analytique et critique est ici centrale tant il s'agit de favoriser la socialisation de ce qui a trop fortement tendance à être vécu et parlé comme une dimension strictement individuelle. La qualité de la formation des animateurs-formateurs de session d'histoire de vie semble exiger d'avoir au minimum fait son histoire de vie, et posséder une sensibilité non seulement « clinique » mais aussi sociohistorique. La prise en compte du social et de l'histoire collective est, de ce point de vue, incontournable. Dans une visée où l'objectif de formation est présent nous nous démarquons, ce faisant, de deux logiques instrumentales : la première consiste à utiliser la production du narrateur comme seul matériau traité par des professionnels (chercheur, formateur, orienteur, praticien du social, psychologue...) ; la seconde vise à établir un produit standardisé de formation à promouvoir. En effet, les idées d'autonomie relative et d'appropriation sont essentielles et à la base du contrat élaboré au départ.

En termes de recherche tout système d'analyse est fonction du programme initial et de sa problématique, les situations changent du tout au tout selon que l'on se trouve avec une sociologie de pratiques sociales bien spécifiées ou dans l'étude d'un système de valeurs d'une personne. Entre quelques dizaines d'entretiens dont la pertinence sociologique peut s'apprécier par un effet de saturation[1] ou une logique de travail sur le sens dans une histoire de vie sociale[2] d'une personne, les types d'interprétations, de travail diffèrent radicalement. L'établissement de grilles d'analyse, les formes temporelles de causalité quant à l'interprétation de données biographiques[3], la nécessaire prise en compte du contexte historique[4] correspondent à des opérations d'intelligibilité des biographies qui sont nécessaires dès lors que dans les sciences sociales l'objectif est une production de savoir. Reste encore la question du type d'écriture[5] qui est privilégié et notamment le débat entre une logique narrative privilégiant le récit sous son apparence plus ou moins « brute » ou une logique argumentative où les exemples et descriptions font figure d'illustrations quant à une volonté démonstrative qui tisse un fil rouge. Sachant que ces formes d'écritures sont également codées institutionnellement, historiquement et socialement.

Avec cette articulation entre finalités, moyens et modalités de travail sur les énoncés, nous sommes placés ni plus, ni moins dans les conditions de possibilité de toute entreprise de recherche auxquelles l'histoire de vie comme toute approche de recherche ne saurait échapper.

V. — **Des suites...**

Qu'en est-il des suites de l'histoire de vie ? Cette question fondamentale doit être abordée d'emblée quant au type de destination préétablie et également quant à l'opportunité ou non d'utiliser ce type d'approche.

A l'opposé d'un fétichisme méthodologique l'interrogation déontologique sur le sens, à la fois personnel, institu-

1. Voir D. Bertaux, *op. cit.*, 1980.
2. Cf. M. Catani, *op. cit.*, 1983.
3. Cf. De Coninck, Godard, *op. cit.*, 1989.
4. Cf. Ferrarotti, *op. cit.*, 1983.
5. Cf. Bertaux, Ecrire la sociologie, dans *Informations sur les sciences sociales internationales,* London, Sage Publ., 1979, p. 7 à 25.

tionnel et social, de ce type de pratique n'est pas qu'un supplément d'âme.

Par exemple, dans leur travail de recherche sociologique sur la délinquance Nicole et Christian Léomant ont parfois opté pour un renoncement, ou une interruption d'entretiens biographiques au regard des conséquences prévisibles et néfastes sur la vie des personnes quand bien même celles-ci étaient prêtes à le faire[1].

Sont-ils nombreux les chercheurs, se plaçant dans un modèle de recherche biographique classique, qui ont le souci de restituer le résultat de leur travaux aux personnes rencontrées ? Est-il superflu de se demander dans quelle mesure il y a rapt d'une parole[2], de savoir-insus, pour des instances de pouvoir qui financent des recherches en vue d'aide à la décision et de gestion de populations ? L'idée d'une recherche scientifique et technique neutre est un leurre particulièrement dangereux.

D'un point de vue psychologique, si la dimension maïeutique est indéniable il y a également le risque, pour celui qui écrit, de rester fixé à une image de soi ou de l'autre figée à cette forme narrative. En formation il y a lieu d'envisager également les usages éventuels de ce type d'approches dans l'après-coup des sessions et les utilisations, personnelles et professionnelles, qui peuvent en être faites.

Ceci dit, comme dans toute opération de connaissance ou d'action, le travail sur les conditions préalables n'empêche pas qu'il s'agit d'une aventure avec ses doses d'imprévus, de complexités insoupçonnées et qui nécessitent moult adaptations et improvisations.

1. Cf. les articles dans *Le Groupe familial,* n° 126, 1990.

2. Cf. E. Lazega, préface à Ferrarotti, *op. cit.,* 1983. Notons que la dialectique « donner, recevoir, rendre » est constitutive de l'échange social. Cf. l'Essai sur le don, de Mauss (1923) (dans *Sociologie et anthropologie,* Paris, PUF, 1950), et A. W. Gouldner, The Norm of Reciprocity, dans *Genèses,* 8, 1992, p. 155-168.

CONCLUSION

Les sociétés ne s'autonomisent qu'en construisant leur histoire, c'est-à-dire en prenant et en montant leur temps par essai d'articulations propres de passés et de futurs, de mouvements internes et environnementaux. Ainsi en est-il de l'accès à l'autonomisation de soi-même. Tout acteur social est pris dans son trajet à conjuguer passés complexes et avenirs incertains, pulsions internes et intimations externes. Un mouvement analogue de (re)prises temporelles singulières, d'autogestion de temps longs différents et même antagonistes, semble fonder l'existence et le devenir des vies collectives et individuelles. Mouvements faits de boucles étranges, productrices de présents singuliers à partir de vies plurielles et hétérogènes. Les individus construisent également leur histoire à partir de temps — et contretemps — physiques, sociaux, et les sociétés aussi à partir de mouvements individuels et naturels. Ces investissements réciproques font de l'histoire de vie une pratique biopolitique autant que biocognitive : pratiques vitales de conception et de gestion sociale et individuelle de temps spécifiques : les âges de la vie.

La nature et les effets de cette pratique fondamentale de l'existence — qui tend à se travailler comme un art — dépendent de ses conditions sociales d'exercice. Les *« bios »* socratiques l'ont lancée comme art de connaissance de soi et les *« bios »* hellénistiques comme art de communication sociale. L'explosion autobiographique du XVIIIe et XIXe siècle, concomitante du franchissement d'un seuil de modernité biologique, l'impose comme art littéraire pratiqué principalement par des « moi » pleins. Au début de ce siècle l'approche biographique préside à la naissance des sciences anthroposociales et tente de se constituer comme art méthodologique et même scientifique. En cette fin de millénaire, la poussée contrebandière des histoires de vie dans les champs professionnels et scientifiques a été située comme franchissement d'un second seuil — postmoderne — de la double entrée — de toute vie et de tous les vivants — dans le champ des interventions humaines. Double entrée qui s'accompagne d'un ébranlement paradigmatique profond des nouveaux problèmes vitaux à traiter et des façons de le faire.

Cette double entrée est prise avec un obstacle bio-épistémologique original, celui de l'implication originelle des vivants dans la vie qui fait de l'accès à la maîtrise de sa genèse, à l'usufruit de son arbre, un conflit fondateur quasi sociodémiurgique : qui a le pouvoir-savoir sur la vie ? Comment s'en fait le partage et la transmission ? Trois modèles ont été esquissés : le biographique, l'autobiographique et le dialogique. Que les histoires de vie, selon leurs conditions d'exercice, puissent être un art puissant d'autonomisation, de connaissance ou d'assujettissement oblige à expliciter et négocier au maximum ces conditions. De pouvoir le faire ou non est d'ailleurs un indicateur majeur du biopouvoir à l'œuvre.

L'avenir des histoires de vie s'inscrit donc dans les mouvances d'un défi bio-éthique tendu entre le paradigme de la commande et du contrôle et celui de l'autonomisation. Il est incertain et irrésolu. Mais dans ces luttes de pouvoirs pour l'accès aux savoirs sur la vie, sa maîtrise représente un moyen stratégique vital pour construire du sens et produire la vie.

ORIENTATIONS BIBLIOGRAPHIQUES

Bertaux Daniel, *Histoires de vie ou récits de pratiques ? Méthodologie de l'approche biographique en sociologie,* Paris, Rapport CORDES, 1976.

— L'approche biographique, sa validité méthodologique, ses potentialités, dans *Cahiers internationaux de sociologie,* LXIX, 1980, p. 197-225.

Catani Maurizio et Mazé Suzanne, *Tante Suzanne. Une histoire de vie sociale,* Paris, Méridiens Klincksieck, 1982.

Clapier-Valladon Simone, Poirier Jean, Raybaut Paul, *Les récits de vie. Théorie et pratique,* Paris, PUF, 1983.

Coninck Frédéric de et Godard Francis, Les formes temporelles de la causalité, dans *Revue française de sociologie,* XXXI-I, 1990, p. 23-53.

Desmarais Danielle et Grell Paul, *Les récits de vie. Théorie, méthode et trajectoires types,* Montréal, A. Saint-Martin, 1986.

Desroche Henri, *Entreprendre d'apprendre,* Ed. Ouvrières, 1991.

Dilthey Wilhem, *L'édification du monde historique dans les sciences de l'esprit* (1910), Paris, Éd. du Cerf, 1988.

Dominicé Pierre, *L'histoire de vie comme processus de formation,* Paris, L'Harmattan, 1990.

Don Talayesva, *Soleil hopi. Autobiographie d'un Indien Hopi,* Paris, Plon, 1959 (préf. C. Lévi-Strauss) (1re éd., 1942).

Ferrarotti Franco, *Histoire et histoires de vie,* Paris, Librairie des Méridiens, 1983 (Roma, 1981).

Finger Matthias, *Biographie et herméneutique,* Montréal, Faculté d'éducation permanente, 1984.

Gaulejac Vincent de, *La névrose de classe. Trajectoire sociale et conflits d'identité,* Paris, Ed. Hommes et Groupes, 1987.

Gusdorf Georges, *Lignes de vie,* t. 1 : *Les écritures du moi,* t. 2 : *Auto-biographie,* Paris, Odile Jacob, 1990.

Heinritz Charlotte, Rammstedt Angela, L'approche biographique en France, dans *Cahiers internationaux de sociologie,* XCI, 1991, p. 331-369.

Houde Renée, *Les temps de la vie,* Chicoutimi, G. Morin, 1986.

Josso Christine, *Cheminer vers soi,* Lausanne, L'Age d'homme, 1991.

Lani-Bayle Martine, *Généalogie des savoirs enseignants, à l'insu de l'école ?,* Paris, L'Harmattan, 1996.

Legrand Michel, *L'approche biographique,* Paris, Epi - Marseille, Hommes et Perspectives, 1993.

Lejeune Philippe, *« Je » est un autre. L'autobiographie, de la littérature aux médias,* Paris, Seuil, 1980.

— *Moi aussi,* Paris, Seuil, 1986.

Lewis Oscar, *Les enfants de Sanchez. Autobiographie d'une famille mexicaine,* Paris, Gallimard, 1963.
Madalénat Daniel, *La biographie,* Paris, PUF, 1984.
Markiewicz-Lagneau Janina, L'autobiographie en Pologne ou de l'usage social d'une technique sociologique, dans *Revue française de sociologie,* 17, 1976, p. 591 à 613.
May Georges, *L'autobiographie,* Paris, PUF, 1979.
Misch Georg, *Geschichte der Autobiographie,* 7 vol., Berlin, Teubner, 1907.
Momigliano Arnaldo, *Les origines de la biographie en Grèce ancienne,* Strasbourg, Circé, 1991.
Monteil Jean-Marc, *Soi et le contexte,* Paris, Armand Colin, 1993.
Peneff Jean, *La méthode biographique,* Paris, A. Colin, 1990.
Pineau Gaston et Marie-Michèle, *Produire sa vie. Autoformation et autobiographie,* Paris, Edilig, Montréal, Saint-Martin, 1983.
— avec Jobert Guy (coord.), *Histoires de vie,* Paris, L'Harmattan, 2 tomes, 1989.
Plummer Ken, *Documents of Life. An Introduction to the Problems and Literature of a Humanistic Method,* London, G. Allen & Irwin, 1983.
Ricœur Paul, *Temps et récit,* Paris, Seuil, 3 tomes, 1983-1984-1985.
Sartre Jean-Paul, Questions de méthode, dans *Critique de la raison dialectique,* Paris, Gallimard, 1960.
Thomas William I. et Znaniecki Florian, *The Polish Peasant in Europe and America, Monograph of an Immigrant Group* (1918), New York, Octagon, 2 vol., 1974, 2 232 p.

Numéros de revues

Actes de la recherche en sciences sociales, n° 62-63 : « L'illusion biographique », 1986.
L'Ane, n° 52 : « Histoire de vies », octobre-décembre 1992.
Annales de Vaucresson, n° 26 : « Histoires de vie, histoires de familles, trajectoires sociales », 1987, 1.
Cahiers internationaux de sociologie, n° 69 : « Histoires de vie et vie sociale », 1980.
Cahiers de sémiotique textuelle., n° 7-8 : « Récits de vie et institutions » Paris X.
Cahiers des sciences de l'éducation, n° 44 : « Pratiques du récit de vie et théories de la formation », 1986.
Education permanente, n° 72-73 : « Les histoires de vie entre la formation et la recherche », 1984.
Enquête. Cahiers du CERCOM, n° 5 : Colloque *Biographie et cycles de vie,* Marseille, 1989.
Etudes et séminaires, « L'histoire de vie au risque de la recherche, de la formation et de la thérapie », Vaucresson, CRIV/CNRS, 1992.
Le Groupe familial, n° 126 : « Histoire de vie. Recherches, formations, pratiques », 1990.
Life Stories/Récits de vie, périodique (1er numéro, 1985).
L'Orientation scolaire et professionnelle, n° 3 : « Histoires de vie et orientation », Paris, 1995.

Pratiques de formation. Analyses, nº 31 : « Les filiations théoriques des histoires de vie en formation », Paris, 1996.
Revue française de sociologie, XXXI, 1990.
Revue de l'Institut de sociologie, nº 1-2 : « Individualisme et autobiographie en Occident », Bruxelles, 1982.
Revue sciences humaines, nº 191-192, Lille, 1983, nº 224, 1991.
Sociétés, nº 18 : « Histoires de vie. Récits de vie », Paris, 1988.

TABLE DES MATIÈRES

Imprimé en France
Imprimerie des Presses Universitaires de France
73, avenue Ronsard, 41100 Vendôme
Août 1996 — N° 42 872